新视野
学术论著丛刊

现代教育教学及其信息化发展研究

谢淑莉 著

中国书籍出版社
China Book Press

图书在版编目（CIP）数据

现代教育教学及其信息化发展研究 / 谢淑莉著. -- 北京：中国书籍出版社，2023.1
ISBN 978-7-5068-9331-2

Ⅰ.①现… Ⅱ.①谢… Ⅲ.①现代教育—教育工作—信息化—研究—中国 Ⅳ.① G43

中国国家版本馆 CIP 数据核字 (2023) 第 022170 号

现代教育教学及其信息化发展研究

谢淑莉　著

图书策划	尹　浩　李若冰
责任编辑	李　新
责任印制	孙马飞　马　芝
封面设计	闽江文化
出版发行	中国书籍出版社
地　　址	北京市丰台区三路居路 97 号（邮编：100073）
电　　话	（010）52257143（总编室）（010）52257140（发行部）
电子邮箱	eo@chinabp.com.cn
经　　销	全国新华书店
印　　刷	廊坊市博林印务有限公司
开　　本	710 毫米 ×1000 毫米　1/16
字　　数	223 千字
印　　张	12.5
版　　次	2023 年 1 月第 1 版
印　　次	2023 年 7 月第 1 次印刷
书　　号	ISBN 978-7-5068-9331-2
定　　价	50.00 元

版权所有　翻印必究

前　言

现代教育教学应遵循教育的普遍规则，通过设计教学活动引导和组织学生学习，以专业理论知识为媒介，将所学内容赋予新的含义。当前科学技术快速发展，现代信息技术被广泛应用于社会生产、生活的各个领域，极大地促进了社会进步。在高校教育教学中，现代信息技术得到了全面推广，它在现代教育教学中的地位也日益突出，有效地促进了我国教育教学的改革。近年来，虽然我国高校信息化教学建设已经取得一定成效，但是，我国教育教学的信息化建设仍面临诸多发展困境，因此，如何加快我国教育教学模式转变，不断提升教育教学的质量和水平，就成为现代教育教学及其信息化发展中亟待解决的重要课题。

鉴于此，笔者撰写了《现代教育教学及其信息化发展研究》一书，全书共设置七章，分别是现代教育教学及其发展趋势、教育教学的原则和方法、教育教学的组织和实施、信息化教学资源整合与建设、信息化背景下的教育教学模式、信息化背景下的教育教学管理、信息化时代教育教学的评估研究。

本书将现代教育教学与信息化发展相结合，探寻促进我国高校教育教学管理工作有效发展的对策，不仅有现代教育教学的基础内容阐释，还有对信息化背景下教育教学管理各方面工作创新的研究。全书结构科学、论述清晰，视野开阔，以发展的眼光透视现代教育教学及其信息化发展的路径，全书逻辑清晰明了，内容丰富详尽，理论与实践相结合，具备较强的时代性、系统性、操作性和可读性。

在撰写本书的过程中，为提升本书的学术性与严谨性，笔者参阅了大量的文献资料，引用了一些同人前辈的研究成果，因篇幅有限，不能一一列举，在此一并表示最诚挚的感谢。

目 录

第一章 现代教育教学及其发展趋势 …………………………… 1
    第一节 教育与教育学概述 ………………………………… 1
    第二节 现代教育理念分析 ………………………………… 5
    第三节 现代教育教学的信息化发展趋势 ………………… 9

第二章 教育教学的原则和方法 ………………………………… 19
    第一节 教育教学的原则 …………………………………… 19
    第二节 教育教学的方法 …………………………………… 22

第三章 教育教学的组织和实施 ………………………………… 26
    第一节 教育教学的组织 …………………………………… 26
    第二节 教育教学的实施 …………………………………… 28

第四章 信息化教学资源整合与建设 …………………………… 36
    第一节 信息化教学资源及其使用 ………………………… 36
    第二节 信息化教学资源整合策略 ………………………… 47
    第三节 信息化教学资源库的建设 ………………………… 49

第五章 信息化背景下的教育教学模式 ………………………… 55
    第一节 信息化背景下的微课教学模式 …………………… 55
    第二节 信息化背景下的慕课教学模式 …………………… 71
    第三节 信息化背景下的翻转课堂教学模式 ……………… 92
    第四节 线上线下融合的教学模式 ………………………… 100

第六章　信息化背景下的教育教学管理……………………………………104
 第一节　信息化背景下教师教学与教育管理路径……………………104
 第二节　信息化背景下学生学习与管理工作实践……………………118
 第三节　"双减"背景下高质量教育生态与治理体系构建……………159
 第四节　"双减"背景下在线教育智慧治理框架构建与实践…………161
 第五节　法治副校长制度探索与实施…………………………………167

第七章　信息化时代教育教学的评估研究……………………………………174
 第一节　教育教学评估的过程与方法…………………………………174
 第二节　高校教育教学评估价值导向…………………………………181
 第三节　美国的教育教学评估启示研究………………………………184

参考文献……………………………………………………………………………189

第一章　现代教育教学及其发展趋势

当前，现代教育教学发展迎来了巨大变革，教育信息化对推进教育创新发展和实现教育现代化具有重要意义。本章重点探讨教育与教育学、现代教育理念、现代教育学的信息化发展趋势。

第一节　教育与教育学概述

教育是一种人类道德、科学、技术、知识储备、精神境界的传承和提升行为，也是人类文明的传递。广义上而言，凡是增进人们的知识和技能、影响人们思想品德的活动，都是教育。狭义的教育，主要指学校教育，其含义是教育者根据一定社会（或阶级）的要求，有目的、有计划、有组织地对受教育者的身心施加影响，把他们培养成为一定社会（或阶级）所需要的人的活动。

一、教育的产生

对教育发展史的研究，关于教育的起源问题，具有代表性的理论主要有劳动起源论、需要起源论、生物起源论与心理起源论等。主要包含以下方面：

（一）教育之劳动起源论

教育的劳动起源论是苏联学者最先提出来并被我国学术界普遍接受的一种观点，这一观点是从关于劳动创造人以及人类社会起源于劳动这一理论直接推导出来的。恩格斯在《劳动在从猿到人转变中的作用》以及《家庭、私有制和国家的起源》等著作中，从生物进化的角度，提出了"攀树的猿群"（指生活在树上的古猿）、"正在形成中的人"（即从古猿转变到人的发展阶段）以及"完全形成的人"（指已能制造工具的人）等概念，代表三个依次递进的发展阶段，并将"正在形成中的人"这一古猿到"完全形成的人"的过渡时期视为"人类的童年"。另外，人类在自己的童年时期已能利用天然工具（如石块、木棒等）来从事简单的劳动。

教育的劳动起源论者据此主张人类社会活动开始于"正在形成中的人"为满足其生存繁衍的自然需要而进行的群体劳动，这种劳动活动将他们改造成为"完全形成的人"，形成了人类社会；劳动实践是人们认识的主要源泉，是知识的主要来源，是手脑等生理结构进步完善并通过遗传途径传给后代的必要条件；原始社会的人们为了保持并延续原始公社的生活，必须由有经验的长辈对年轻一代传授制造工具和使用工具的知识经验，即在劳动过程中逐渐积累起来的经验，教育是在传授劳动经验的过程中产生的，故教育起源于劳动。从时间上而言，教育起源于"人类的童年"时期，即"正在形成中的人"这个发展阶段。

（二）教育之需要起源论

教育起源于社会生活实际的多方面需要。我国教育理论家杨贤江是最早提出"需要起源论"的人，他在《新教育大纲》（1930）一书中指出，教育的起源"是与社会的生活过程、物质的生产关系有密切联系的；而且是以这种现实的社会经济生活为基础……教育的发生，就植根于当时当地的人民实际生活的需要；它是帮助人营谋社会生活的一种手段……自有人生，便有教育，因为自有人生，便有实际生活的需要"。20世纪80年代以来，我国继续探讨教育的起源问题，并有一些不同观点：①教育起源于人类自身的发展；②教育起源于人类在劳动过程中形成的超生物经验，即非本能的条件反射所获得的经验，包括在社会中生存的经验和使用、制造工具，改造世界的经验的传递和交流等。

（三）教育之生物起源论

教育的生物起源论是西方近代关于教育起源论的一个有代表性的观点，其倡导者有法国哲学家利托尔诺、美国心理学家桑代克和英国教育家沛西·能等。他们的共同之处是将教育视为一种生物现象，将教育过程归结为按生物学规律进行的本能的传授活动。

利托尔诺在《各人种的教育演化》一书中力图证明教育乃是超出人类社

会范围，在人类出现之前就已产生的一种现象。他根据对动物生活的观察得出结论，认为动物界也存在教育，如大猫教小猫捕鼠、大鸭教小鸭游水等。利托尔诺在另一部名曰《动物之教育》的书中进一步提出：非但在脊椎动物中，而且在非脊椎动物中，也存在教育现象。例如，蚂蚁中也有"教师和学生"。在利托尔诺看来，人出生之后便继承了业已形成的现成的教育形式，教育在人类社会中只是不断改变和演进，只是获得某些新的性质，但本质上和动物界毫无两样。利托尔诺强调，生存竞争的本能就是教育的基础。动物为了保存自己的种类，出自遗传本能，自会将其"知识"与"技巧"传授给幼小的动物。

沛西·能在20世纪20年代则强调教育从它的起源来说，是一个生物学的过程，不仅一切人类社会有教育，不管这个社会如何原始，甚至在高等动物中也有低级形式的教育。之所以把教育称为生物学的过程，意思就是，教育是与种族需要相应的种族生活天生的，而不是获得的表现形式；教育既无须周密的考虑使它产生，也无须科学予以指导，它是扎根于本能的不可避免的行为。沛西·能还主张，生物的冲动是教育的主要动力。在晚年，沛西·能仍信守他的主张，称教育是一种生物学的实验。上述从生物学观点说明教育起源，乃是19世纪下半叶出现并一度流行的观点，是当时流行的庸俗进化论在研究教育起源问题上的反映。

（四）教育之心理起源论

教育的心理起源论的代表人物是美国教育史学家孟禄。孟禄批评了利托尔诺的观点，主张其弊是未揭示人的心理与动物心理的本质区别。孟禄在其名著《教育史教科书》（1914）的第一章"原始的教育"中，从人类学和心理学角度出发对人类教育的起源和发生过程做了专门和详细的论述。孟禄主张在原始社会中，不论是社会还是个体，其教育的发生都是最非理性的和单纯的无意识的模仿。孟禄根据原始社会中系统知识、教材、教学形式及教学方法尚未形成的事实，断定原始人的教育过程从未表现出是有意识的过程，儿童仅凭观察和尝试成功的方法，学习如何使用弓箭与射击，如何拾掇杀死的野兽，如何烹调，如何编织，如何制陶，其技巧几乎全部是通过失败越来越少的重复模仿的方式学到的。孟禄根据上述观点，将教育的起源归之为心理现象。

二、教育学的发展趋势

教育学是研究教育现象和教育问题，揭示教育规律的一门科学，这也阐明了教育学的研究对象。当前教育学的发展趋势主要表现在以下方面：

第一，教育学研究领域的扩大。由于科学技术的迅速发展，智力的开发和运用成了提高生产效率和发展经济的主要因素，引起了世界范围的新的教育变革，人们对于教育整体结构的认识也由平面向立体变化，对教育现象和教育问题不再局限于学校内部的教育、教学等方面，而是拓展到教育与社会的宏观关系方面，从基础教育扩展到高等教育，从正常教育扩展到特殊教育，受教育人群也更加广泛，使研究人员对教育对象的认识变得从未有过的丰富。一种从系统论观点出发，从多维度、全方位审视教育在社会与人自身的发展中的运行轨迹的"大教育学"开始出现，大教育观逐渐确立。

第二，教育学研究学科基础的扩展。由于科学的综合化发展越来越趋于主导地位，教育学日益与生理学、脑科学、社会学、经济学、心理学、人类学等学科相互渗透，在理论上逐渐深化，在内容方面更加丰富；再加上控制论、信息论和系统论的产生与发展，为教育学的研究提供了新的思路、新的方法。所以，各国的教育学在不同的思想体系指导下，都将有更新的发展，在理论上也都深化一步。

第三，教育学研究范式的多样化。由于当代社会发展是多样化的，科学与经济问题、人口、环境等，总是综合地交织在一起，各国教育之间的相互联系也日益增加，作为社会科学的教育学不可能不受这一发展趋势的影响，这就需要教育理论研究运用新思维，综合利用多学科的知识和方法，于是出现了强调数量关系的科学主义的研究，强调非数量关系的人文主义的质的研究，以及介于两者之间的结合性研究，同时形成了基础研究、应用研究、行动研究、咨询研究和开发研究相互依赖、相互推动的局面，使教育学研究范式更加趋于多样化。

第四，教育学的进一步分化与综合。教育学已不再是一门学科，而是代表拥有数十门分支学科的庞大学科群，它是教育学科群的总称。从教育学中逐渐分化出的分支学科，有普通教育学、高等教育学、特殊教育学、成人教育学、教育管理学、教学论、德育论、学科教学法、教育科学研究等，而且将继续分化。教育学的综合趋势主要反映在教育概论或教育原理学科的产生上，同时反映在教育学与其他相关学科之间的相互综合上，出现一系列双学科甚至多学科交叉的边缘学科,如教育心理学、教育哲学、教育经济学、教育统计学、教育社会学、教育工艺学、教育人类学、教育文化学、教育生态学、教育未来学、教育社会心理学等。

第五,教育学与教育改革的关系日益密切。当前广大教育学工作者解放思想,实事求是,在教育理论的指导下,对教育实践进行了大胆探索,促进了教育改革的发展和深化,教育教学实验方兴未艾,如重视学生智力和能力发展的实验、主体教育实验等,课外、校外活动积极开展,教育学与教育改革的关系更加密切。

第六,教育学的学术交流与合作日益广泛。在经济全球化和新科技革命的影响下,国际教育交流与合作进一步加强,具体表现为人才的全球性流动、竞争与合作,交易机构的跨国设立,国际化网络交流兴起以及国际学分、学位的互认等,一个世界性的各国教育相互渗透、高度融合的大趋势正在出现。

第二节 现代教育理念分析

教育理念是关于教育的一般原理和规律的理想的观念。当代教育家在总结前人教育思想的基础上,以社会未来人才需求为前提,形成了对教育未来发展的认识理念。所谓教育理念,是指关于教育未来发展的理想的观念,它是未来教育发展的一种理想的、永恒的、精神性的和终极的范型。"现代教育理念为我们提出了教育的理想模式,它作为社会文化的典型代表,保持着对社会政治、经济、文化发展的前瞻性"[①]。

经过长期对教育实践和教育理论的深入研究,人们为现代教育理念赋予了比较深刻的思想内涵。一方面,在理论层面上,现代教育理念改变了传统教育侧重应试教育的特征,突破了经验导向的束缚,内容上更加系统,更具有针对性,被赋予了创新精神、冒险精神、开拓精神和批判精神等思想内涵,显示出了客观、可信的科学特征;另一方面,在操作层面上,现代教育理念在指导教育实践的过程中更加成熟,呈现出包容性、可行性、持续性的特点,势必对高校教学起到很好的导向作用。现代教育理念归纳起来包括以下方面:

---

① 岳若惠. 现代教育理念下的高校教育教学管理 [M]. 咸阳:西北农林科技大学出版社,2013:9.

一、以人为本和全面发展的理念

第一,以人为本的理念。当前,社会已经由重视科学技术为主发展到以人为本的时代,教育作为培养和造就社会所需要的合格人才以促进社会发展的崇高事业,自然应当全面体现以人为本的时代精神。因此,现代教育强调以人为本,把重视人、理解人、尊重人、爱护人、提升和发展人的精神贯注于教育教学的禀赋和潜能,更重视人自身的价值及其实现,并致力于培养人的自尊、自信、自爱、自立、自强意识,不断提升人们的精神文化品位和生活质量,从而不断提高人的生存和发展能力,促进人自身的发展与完善。鉴于此,现代教育已成为增强民族凝聚力的重要手段,成为综合国力的基础并日益融入时代的潮流之中,备受人们的青睐与关注。

第二,全面发展的理念。现代教育以促进人的自由全面发展为宗旨,因此,它更关注人的发展的完整性、全面性。全面发展的理念是面向全体公民的国民性教育,注重民族整体的全面发展,以大力提高和发展全民族的思想道德素质和科学文化素质,提高民族的知识创新和技术创新能力,增强包括民族凝聚力在内的综合国力为根本目标;表现在微观上,它以促进每一个学生在德、智、体、美、劳等方面的全面发展与完善,造就全面发展的人才为己任,这就要求人们在教育观念上实现由精英教育向大众教育、由专业性教育向通识性教育的转变,在教育方法上采取德、智、体、美、劳五育并举、整体育人的教育方略。

二、素质教育和创造性的理念

第一,素质教育的理念。现代教育扬弃了传统教育重视知识的传授与吸纳的教育思想与方法,更注重教育过程中知识向能力的转化工作及其内化为人们的良好素质,强调知识、能力与素质在人才整体结构中的相互作用、辩证统一与和谐发展。针对传统教育重知识传递、轻实践能力,重考试分数、轻综合素质等不足,现代教育更强调学生实践能力的锻造、全面素质的培养和训练,主张能力与素质是比知识更重要、更稳定、更持久的要素,把学生综合素质的培养与提高作为教育教学的中心工作来抓,以帮助学生学会学习和强化素质为基本教育目标,旨在全面开发学生的多种素质潜能,使学生的知识、能力、素质和谐发展,提高其整体发展水平。

第二,创造性理念。传统教育向现代教育的重要转型之一,就是实现由知识性教育向创造力教育转变,因为知识经济更彰显人的创造性作用,人的创造力潜能成为最具有价值的不竭资源。现代教育强调教育教学过程是一个高度创造性的过程,以点拨、启发、引导、开发和训练学生的创造力才能为基本目标,它主张以创造性的教育教学手段和优美的教育教学艺术来营造教育教学环境,以充分挖掘和培养人的创造性,培养创造性人才。现代教育主张,完整的创造力教育是由创新教育(旨在培养学生的创新精神、创新能力与创新人格)与创业教育(指在培养学生的创业精神、创业能力与创业人格)两者结合而形成的生态链构成,因此,加强创新教育与创业教育并促进两者的结合与融合,培养创新、创业型复合型人才成为现代教育的基本目标。

三、主体性和个性化的理念

第一,主体性理念。现代教育是一种主体性教育,它充分肯定并尊重人的主体价值,高扬人的主体性,充分调动并发挥教育主体的能动性,使外在的、客体实施的教育转换成受教育者主体自身的能动活动。主体性理念的核心是充分尊重每一位受教育者的主体地位,"教"始终围绕"学"来开展,以最大限度地开启学生的内在潜力与学习动力,使学生由被动的接受性客体变成积极的、主动的主体和中心,使教育过程真正成为学生自主自觉的活动和自我建构过程。为此,它要求教育过程要从传统的以教师为中心、以教材为中心、以课堂为中心转变为以学生为中心、以活动为中心、以实践为中心,倡导自主教育、快乐教育、成功教育和研究性学习等新颖活泼的主体性教育模式,以点燃学生的学习热情,培养学生的学习兴趣和习惯,提高学生的学习能力,使学生积极主动地、生动活泼地学习和发展。

第二,个性化理念。丰富的个性发展是创造精神与创新能力的源泉,知识经济时代是一个创新的时代,它需要大批具有丰富而鲜明个性的个性化人才来支撑,因此它催生出个性化教育理念。现代教育强调尊重个性,正视个性差异,张扬个性,鼓励个性发展,它允许学生发展的不同,主张针对不同的个性特点采用不同的教育方法和评估标准,为每一个学生的个性充分发展创造条件。现代教育把培养完善个性的理念渗透到教育教学的各个要素与环节之中,从而对学生的身心素质特别是人格素质产生深刻而持久的影响力。个性化理念在教育实践中,首先要求创设和营造个性化的教育环境和氛围,搭筑个性化教育大平台;其次在教育观念上,它提倡平等观点、宽容精神与师生互动，承认并尊重学生的个性差异，为每一位学生个性的展示与发展提供平等机会和条件，鼓励学习者各显神通；最后在教育方法上，它注意采取不同的教育措施，施行个性化教育，注重因材施教，实现从共性化教育模式向个性化教育模式的转变，为个性的健康发展提供宽松的生长空间。

四、生态和谐和系统性的理念

第一，生态和谐理念。自然物的生长需要良好的自然生态环境，人才的健康成长同样也需要宽松和谐的社会生态环境的滋润。现代教育主张把教育活动看作是一个有机的生态整体，这一整体既包括教育活动内部的教师、学生、课堂、实践、教育内容与方法诸要素的亲和、融洽与和谐统一，也包括教育活动与整个育人环境设施和文化氛围的协同互动、和谐统一，把融洽、和谐的精神贯注于教育的每一个有机的要素和环节之中，最终形成统一的教育生态链整体，使人才健康成长所需的各种因素产生和谐共振，从而达到生态和谐地育人。所以，现代教育倡导"和谐教育"，追求整体有机的"生态性"教育环境建构，力求在整体上做到教学育人、管理育人、服务育人、环境育人，营造出人才成长的最佳生态区，促进人才的健康和谐发展。

第二，系统性理念。随着知识经济的来临、学习化社会的到来，终身教育成为现实，教育成为伴随人的一生最重要的活动之一。因而，教育不再仅仅是学校单方面的事情，也不仅仅是个人成长的事情，而是社会进步与发展的大事，是整个国民素质普遍提高的事情，是关乎精神文明建设及两个文明协调发展的全局性、战略性大业，它是一项由诸多要素组成的复杂的社会系统工程，涉及许多行业和部门，所以需要全社会普遍参与、共同努力才能搞好。与传统教育不同，转型时期我国正在形成的是一种社会大教育体系，它需要在系统工程的理念指导下进行统一规划、设计和一体化运作，以培养人们的学习能力、提升人们的生存和发展能力为目标，以实现社会系统内部各环节、各部门的协调运作、整体联动为基础，把健全教育社会化网络作为构成教育环境的中心工作来抓，促进大教育系统工程的良性运行与有序发展，以满足学习化社会对教育发展的迫切要求。

第三节 现代教育教学的信息化发展趋势

教育信息化是"在教育的各个领域广泛地应用信息技术，促进教育现代化的过程，是当今世界教育改革与发展的共同趋势，也是教育研究和探索的重要课题"[①]。信息技术的飞速发展加快了教育信息化的进程，促进了教育的发展，解决了教育、教学中的许多实际问题，变革了教育形式和学习方式，也深刻影响了传统的教育思想、观念、模式、内容和方法。教育信息化是将信息与信息技术作为教育系统的一种基本构成要素，并在教育的各个领域广泛地利用信息与信息技术，促进教育的全方位变革与教育现代化的系统工程。

一、教育信息化的理论

（一）教育信息化的教学理论

教学理论主要关心的问题是怎样教，这也是教学理论的核心问题。但教无定法，每个教师不能期待教学理论对他们的教学起到万能的作用，教学理论能够给每个教师唯一提供的就是教学的理念和框架。教师对学生的正确学习结果必须给以及时的强化，这样可以鼓励学生继续学习下去。而在课堂教学中，教师不可能对每一个学生进行及时强化。教学机器可以为这种个别学习强化提供可能。需要特别指出的是，程序教学是由强化学习理论引申出来的教学思想，机器教学只是程序教学思想的一个经典应用而已，程序教学中的机器教学是计算机辅助教学应用的前身，深刻地影响了计算机辅助教学的产生和发展。程序教学开创了基于技术的个别化学习的局面，为当今信息技术条件下的课程教学提供了可以借鉴和研究的实例。

学生的心智发展虽然有些受环境的影响，但主要是遵循他自己特有的认知结构。教学就是帮助学生认知的生长，教师的任务是要把知识转换为适应正在发展着的学生的某种心智形式。教师在教学过程中要创造条件，采取有效的措施，使学生在学习过程中进行自主的、积极的、真正有意义的思考，从而使学生的自主发现能力、独立地解决问题的能力乃至发明创造的能力得

---

① 翁灵秀.浅谈教育信息化[J].求知导刊，2017（20）：123.

以提高或发展。

学生的学习，如果要有价值的话，则应该尽可能地有意义。接受学习如果是有意义的，就是有意义地接受学习。有意义学习是有条件的，具体包括：第一，学生表现出一种有意义学习的心向，即表现出一种在新的学习内容与学生已有的知识结构之间建立联系的心理倾向；第二，学习的内容对学生具有潜在的意义，即能够与学生已有的知识结构发生实质性的联系。要使接受性的学习有意义，必须符合有意义学习的条件。因此，学生的有意义学习也是一个主动的过程，这可以促使教师在教学中进行少而精的讲授，这些都有利于学生掌握丰富完整的知识体系。

（二）教育信息化的传播理论

传播理论是现代信息技术教育的一个重要理论基础，其中的教育传播对现代信息技术教育的发展更是有着重要的指导意义。教育传播是由教育者依据一定的目的要求对合适的信息内容进行选择，然后通过有效的媒体通道将其向特定的教育对象进行传送的活动。教育传播要获得好的效果，就必须要遵循一些原理，具体包含以下方面：

1. 信息来源原理

一般情况下，权威之人或是有信誉之人所说的话更容易被人们所接受，因此，教育传播的效果与资料来源有着密切的关系。在教育传播中，作为教育信息重要来源的教师，要切实树立起自己的良好形象，以便被学生所认可和接受，同时要尽可能保证教学中所用的相关资料都有正确、真实、可靠的来源。

2. 共同经验原理

教育传播从本质上而言是传递与交换信息，而教育者和学生只有具有共同的经验范围，才能保证教育传播有良好的效果。

3. 重复作用原理

通常情况下，人们很难一次就记住所有需要记住的东西，而是需要不断对其进行重复。重复作用是在不同的场合或用不同的方式对同一个概念进行重复呈现。

4. 抽象层次原理

符号具有越高的抽象层次，越能简明地对更多的具体意义进行表达，但对其理解时也很容易产生误会。因此，在教育传播中，要保证各种信息符号的抽象程度在学生能够明白的范围之内。教育传播并不是静态的，而是动态的，且是一个连续的过程。一般而言，完整的教育传播过程，如图1-1所示。

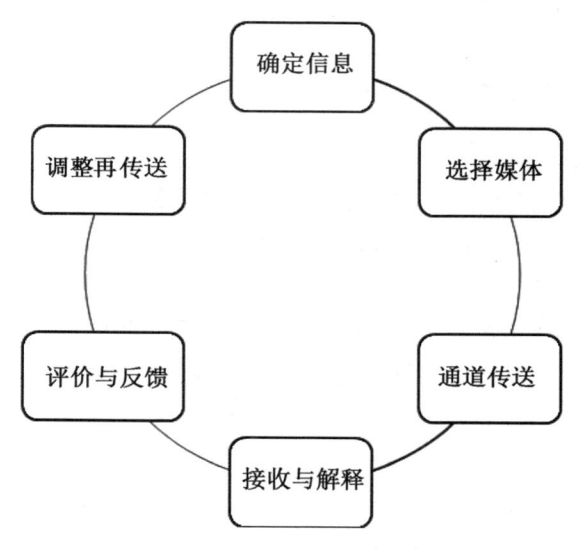

图1-1 完整的教育传播过程

（1）确定信息。确定信息是教育传播过程的第一步，一般而言，教育传播的信息需要依据教学的目的及课程的培养目标来进行制定。

（2）选择媒体。选择媒体也就是信息编码的活动，教师在选择媒体时，要注意选择的媒体容易得到，且能够将信息的内容准确地呈现出来，并且与学生的经验和知识水平相符合。

（3）通道传送。通道传送也就是运用媒体传达信息，在运用媒体传达信息时需要注意：①对信号的传递要求进行充分考虑，以确保信号的传递有较高的质量；②提前对信息传递的结构进行设计，以尽量减少可能的干扰。

（4）接收与解释。接收与解释也就是信息译码的活动，将收到的信号依据自身的经验和知识将其解释为信息意义并储存在大脑中。

（5）评价与反馈。评价有利于衡量是否达到了预定的教学目的，一般而言，评价有多种方式和方法，既可以通过课堂提问、课后书面作业进行评价，也可以通过观察学生的行为变化进行评价。评价之后，需要对这一传播过程进行一定的反馈。

（6）调整再传送。通过上一阶段的评价反馈，可以发现教育传播过程中的不足，采取一定的措施进行调整，并进行再次传送。

在计算机和信息技术快速发展的现代社会，教育传播理论的产生与发展极大地促进了以计算机网络等为载体的远程教育的发展。在当前，远程教育的发展速度不断加快、规模不断扩大，并日益成为学校进行教学以及人们进行学习的重要方式。

二、教育信息化的结构

随着信息技术的进步与发展，教学活动的各个要素都发生了变化，教学环境也发生了重大改变，它从课堂空间发展到网络空间，同时具有数字化、网络化、多媒体化等特征。不同类型的教学环境具有不同的特征，对教育信息化起不同程度的支持作用。依据教育信息化环境的不同以及对教育信息化的支撑程度，可以将教育信息化的结构划分为不同的类型。

教学环境是在教与学的过程中，教学活动赖以持续的情况和条件的总和，其中"条件"既包括物质条件，也包括非物质条件。教育信息化是信息技术支持下的教学环境，是在教育信息化过程中教学活动赖以持续的情况和条件的总和。现代教学系统是由教师、学生、教学内容和媒体四个要素构成的，各要素之间相互联系、相互作用，形成教学活动进程的稳定结构。当前教育界主要有三大类教学结构，即"以教为中心"的教学结构、"以学为中心"的教学结构和"教师主导—学生主体"的教学结构。各个教学要素在不同的教学结构中扮演着不同的角色，发挥着不同的作用，主要包含以下方面：

第一，"以教为中心"的教学结构是以教师的教为教学出发点，教师对教学活动进行设计、组织，将知识传递给学生，学生只是被动地接受知识。教学媒体是辅助教师教的演示工具，教材作为教学的基础，是学生知识的主要来源。

第二，"以学为中心"的教学结构是以学生的学为教学出发点，学生主动对知识进行建构，是信息加工的主体，教师只是教学的组织者、指导者，是学生建构意义的帮助者、促进者。教学媒体主要作为学生的学习工具，教材不再是学生唯一的知识来源，学生通过自主探究学习能够获取更多的信息和资源。

第三，"教师主导—学生主体"的教学结构是在教学过程中既要发挥教师的主导作用，也要充分体现学生的主体作用。教师根据学生的特点为其选择、设计特定的教学内容、教学媒体和交互方式；学生在教师的帮助下，对教师设计的学习资源进行主动的意义建构；教学媒体既是教师的教学工具，也是促进学生自主学习的认知工具。教材不是唯一的教学内容，通过教师指导、自主学习与协作探究，学生可以从教师、同学、专家等多种学习对象和多种教学资源中获得知识。

（一）信息资源环境下的教育信息化

信息资源环境主要表现为软件工具，其特点是拥有大量的信息资源并提供自由的访问，它为以学为中心的教学提供了有效的支持。教师作为教学的组织者、指导者，应根据学生的特点组织教学内容、设计教学活动，利用教学媒体和大量的教学资源创设情境，引导学生主动探究，帮助并促进学生对知识进行意义建构；学生作为教学的主体，利用教学媒体，在大量信息资源的支撑下开展自主学习、协作学习和探究学习；教材不再是学生知识的主要来源，信息资源环境提供的自由访问，能够促使学生从各类信息系统中获得大量的知识。

（二）教学授递环境下的教育信息化

教学授递环境[①]的主要功能包括：①为教学系统的构成要素（教师、学生与教学内容）提供沟通渠道；②呈现媒体教材中所包含的教学信息；③为使用者提供对媒体进行有效控制的界面。教学授递环境为以教为中心的教学提供了有效的支持，教师作为教学的主体，可以借助教学授递环境提供的媒体设备向学生传授知识，利用多种媒体呈现教学内容，刺激学生的感官，激发学生的学习兴趣；现代教学媒体承载并传递教学信息，教师运用多媒体技术将抽象的教学内容形象化、具体化，能够丰富教学信息的表现形式，激发学生学习的积极性和主动性。

互联网作为新型的教学授递环境，为以教为主的教学提供了教学环境和教学平台，它可以支持各种类型的教学传播，从个人、小组、群体到众体，并且它的传播功能可以突破时间和空间的限制。教师利用各种教学软件和丰富的网络资源设计多媒体呈现的生动形象的教学课件，丰富了教学内容，改

---

① 教学授递环境与教学传授/传递不同，其是指由各种信息传播媒体及配套运作软件组成的媒体化教学环境。

变了单一媒体呈现教学内容的方式；网络资源和教学软件则用于辅助教师的讲解和演示。

（三）集成化资源环境下的教育信息化

集成化资源环境集各种媒体设备、软件工具为一体，包括各种学习材料和环境，这样的环境不仅能够很好地支持教师的教学活动，同时也能够为学生的学习提供技术、资源等方面的有效帮助。在这种资源环境中，教师利用各类软件工具组织教学内容，根据学生的特点，设计特定的教学活动，选择适当的教学媒体和交流方式，利用各种媒体设备开展教学，教师成为教学内容的设计者、教学活动的组织者和学生学习的指导者；学生在教师的指导下，在教师精心设计的教学活动中主动建构知识，在大量教学资源的支撑下开展自主学习、协作学习和探究学习；教学媒体既作为辅助教师教学的演示工具，也可以作为促进学生自主学习、探究学习的认知工具和促进学生协作学习的协作工具。此外，教学内容的种类更加多样化，知识更新的速度越来越快，为教学活动的开展提供了更新的、更全的信息资源，使教学更具有信息化时代的特征。

三、教育信息化的原则

教学原则是在教学活动中必须遵循的基本教学行为规范，教学原则是根据教育目的和对教学过程客观规律的认识确定的，它既能够指导教师的教，也能够指导学生的学。教学原则是以一定的哲学观点和某些相关的科学理论为指导，是对教学实践经验的概括和总结。传统教学要遵循一定的教学原则，教育信息化同样也要遵循教学原则，在教学原则的指导下更有效地开展教学活动。与传统教学不同的是，教育信息化的原则具有信息时代的特征。教育信息化主要遵循的教学原则具体如下：

（一）教育信息化的整合性原则

教育信息化是将信息技术、信息资源、人力资源及课程内容等一系列要素整合在一个系统中，并有机地将各种要素结合起来共同完成教学任务的一种教学方式。因此，整合性原则是教育信息化的首要原则。在教育信息化的过程中，教师应当将信息技术有效地融入各类教学中，将教学系统中的各个要素和各类教学资源有效地整合在一起，将各种理论、方法、教学媒体很好地结合起来，在整个教学过程中协调各要素之间的关系，发挥系统的整体优势，以提高教学效率。

（二）教育信息化的直观性原则

学生认识活动的特点是以学习间接经验为主，但是获得间接经验要以直接经验为基础。学生通常以形象思维为主，要使教育信息化符合学生的心理特征，有效地提高学生的学习兴趣和积极性，在教学过程中就应当遵循直观性原则。直观性原则是在教育信息化环境中为学生创设一定的情境，提供丰富的多媒体资源，同时，通过教师给予指导、形象描述知识等教学活动来促使学生积极观察、主动探究，使学生对所学事物形成清晰的表象，从而丰富感性知识，主动构建知识的意义，最终正确地理解所学知识并发展认知能力。

（三）教育信息化的参与性原则

参与性原则是学生在教师的指导下积极参与教学活动，通过这种参与唤起学生的主体意识，发挥学生的主体作用，挖掘学生的学习潜能，培养学生的学习能力，增强学生学习的责任感与合作精神，从而有效提高教学质量，更好地完成教学任务。在教育信息化的过程中，学生成为教学活动全过程的、自觉的、能动的参与者，成为知识的主动探索者与发现者，成为自己主体建构与发展的主宰者，并在每次参与过程中实现其主动性、能动性与创造性的发展。因此，在教育信息化中，教师应当借助多媒体手段、丰富的教学资源来调动学生的积极性，使学生以不同的方式参与到教学过程中。

（四）教育信息化的启发创造原则

教育信息化中的启发创造原则，是教师利用先进的教育理念，在信息化环境的支持下采用多样化的方式支持学生的学习，并且在教学中最大限度地调动学生学习的积极性和自觉性，激发他们的创造性思维，从而使学生在融会贯通地掌握知识的同时，充分发展自己的创造性能力与创造性人格。启发创造原则是在现代教育理念指导下教学与发展相互影响和相互促进规律的反映。教育信息化不仅要求教师向学生传授知识、技能和技巧，而且要求教学能够促进学生主动对知识进行意义建构，同时促进学生情感、态度和价值观的发展。教学与发展是相互依赖、相互促进的。教师在教学中要将学生视为学习的主体，设计多样化的教学活动，利用多媒体手段启发学生积极思考，促使他们形成自己提出问题、分析问题和解决问题的能力。

启发创造原则是教育信息化受制于信息化社会需要这一规律的具体体现，信息化社会发展的趋势，要求学校教育教学必须培养学生的信息素养、革新精神和创造能力。

（五）教育信息化的教学最优化原则

教学最优化原则是在现代教育理念的指导下，在教育信息化过程中，通过对教学系统中的各个要素进行系统化设计，使得各要素优化组合，能够进行最优的教学，取得最优的教学效果。教学最优化原则主要是依据教学效果取决于教学诸因素构成的合力这一规律提出来的。教育信息化中的要素主要是指教师、学生、媒体和教学内容。教学最优化的标准是指在一定条件下，既能够取得最大可能的教育教学效果，而师生又只花费最少必要的时间。在教育信息化中，教师要设计多样化的教学活动和学习活动，将教学的各要素优化组合，使得每一个要素都发挥最大的效益，既达到教学的目标，又提高教学的效率。

四、教育信息化的特征

教育信息化是现代教育理论与教育技术作用下的教育现代化过程，教育信息化的特点具体如下：

第一，教育信息处理数字化。在现代信息技术的支持下，教育信息处理系统的设备简单、性能可靠，而且标准统一。信息化处理信息只用1和0两个代码，因此教育信息技术系统的集成度高，而处理的信息保真度高、存贮量大、处理速度快。

第二，教育信息传输立体化。在信息技术的软硬件支持下，教育活动时空不受或较少受到限制，轻易就能实现人机互交、人机合作。尤其是通过网络，全世界的教育资源可以连成一个信息海洋，网络用户都能使用到这些信息码，实现了教育信息资源的共享。这都归功于立体化的信息传输。

第三，教育信息呈现多媒体化。在多媒体技术的支持下，单一表征信息的媒体可以被整合起来，不但有文字、图片、声音，还有动画、录像、模拟等景象，使教学内容更加生动化、形象化，更加吸引学生，调动了学生的学习积极性。

第四，教育信息系统智能化。在多媒体计算机技术中，融入了现代人工智能技术，同时又结合教学理论、学习理论、传播理论、认知心理学，由此创立了智能化的教育信息系统。通过这个系统，教学行为更加人性化，人与设备仪器之间的通信更加自然化，各种繁杂的教学任务代理化。

第五，教育信息传播过程中学生的地位主体化。在传统教育中，教师在教学过程中处于主导地位，学生只能被动地学习，师生、生生之间缺少互动。现代社会，以学生为主体的教育思想日渐深入人心，而利用信息技术支持自主学习成为必然的发展趋向。教育信息系统的智能化、信息呈现多媒体化和信息可扩充化等，使学生不再被动地学习，而通过类似超文本/超媒体之类的电子教材和其他手段、工具就可以积极主动地建构知识，还可以与同伴或教师开展协商学习。此外，在信息技术的支持下，通过计算机合作、在计算机面前合作、与计算机合作的方式可实现学生的合作式学习。

五、教育信息化的发展

（一）教育信息化发展的指导思想

教育信息化遵循国家信息化的引导，在国家的统一规划下，加强协调，部署计划，从教育发展的实际需要出发，加快教育信息化基础设施步伐；提高信息化人才培养的质量，扩大培养规模；全面实施信息技术教育和师资信息化知识培训；重点加大教育资源开发的力度与整合的力度，提高教育资源的利用效率，大力建设教育政务信息化，推动网络教育的管理和运行机制的创新；真正使教育信息化能够培养国家信息化发展中的人才。教育信息化的发展原则是：统筹规划、需求导向，加强合作、注重实效，人才为本、项目示范，因地制宜、协调发展。

（二）教育信息化发展的具体规划

确立教育信息化的发展战略，把教育信息化建设当成学校的基本建设来抓。学校的基本建设不能只满足于校舍建设，而是要以战略性的眼光，用先进的、现代化的教育思想、教学设备把学校装备起来，从基础设施上使学校具备跨越式发展、可持续发展的物质基础。

1. 依靠教育信息化实现教育跨越式发展

教育创新的重要内容是实现跨越式发展，教育发展是一个自然的历史过程，但在特殊历史时期也存在跨越式发展的现象。跨越式发展就是在一定历史条件下，落后者会以超常规的状态赶超先行者走过的某个发展阶段；超常规、跨越式都是高等教育发展过程中会出现的正常现象。实现教育的跨越式发展，就要加强教育创新，通过改革的方法消除制约教育发展中遇到的体制性障碍，集中力量解决全局性、战略性的重大问题，为经济和社会的可持续发展培养人才。

教师要想实现教育的跨越式发展，就要实现教育信息化，信息技术在教育领域的应用，是教育发展中的一场重要的革命性变革，特别是在互联网开通之后，建立了现代远程教育网络，使高校教育可以跨越国界；同时也使教育内容、教育方式乃至教育观念实现了快速发展。从追赶到跨越其实就是人们思维方式的一种转变，教师要敢于创新，敢于挑战权威。

2. 将教师队伍建设作为教育信息化的重点

在信息化建设过程中，不仅要重视硬件建设，更要在教学过程中利用现代技术设备提高教学的效率。传统的以知识为中心、以教师为中心的传授型教学结构仍占主导地位，虽然多媒体计算机、计算机网络、多媒体投影仪等新技术设备逐渐进入课堂，但能熟练应用这些设备的教师比例仅占一小部分，很多教师对新型教育结构和模式知之不多。因此，教师队伍建设是教育信息化建设的重点。要在校内实现资源共享，进而做到实现区域资源共享，并要逐步形成全国范围内的资源共享协作机制。

第二章　教育教学的原则和方法

现代教育教学的内容直接影响学习者对现代教育教学的认知。对现代教育教学的内容进行分析，有利于提高教学质量。本章重点探讨教育教学的原则和方法。

第一节　教育教学的原则

"教学原则是根据一定的教育目的、遵循教学规律而制定的指导教学工作的基本要求"[①]。教育教学的原则主要包括以下内容：

一、科学性与教育性统一的原则

科学性和教育性统一的原则主要是在学生学习掌握科学知识的过程中，对学生进行品德、辩证唯物主义思想和心理健康教育，这一原则的实质是在教学活动中要把教书和育人有机地结合起来。教学的教育性与科学性是相辅相成、互相促进的。科学性是教育性的基础，教育性是科学性的灵魂和内在属性。科学性和教育性统一的教学原则，反映了我国教育目的的基本精神，也是教学永远具有教育性的客观规律的反映。教师在运用这一原则时，需要注意以下四个方面：

第一，确保教学具有高度的科学性。科学性是思想性的基础。学生只有掌握了科学知识，才能正确认识客观事物及其规律，树立科学的世界观和人生观。在教学过程中，教师传授的知识和运用的方式、方法都应当是科学的。

---

① 张成刚，刘晓敏，索海英. 现代教育教学探索与实践研究[M]. 长春：吉林人民出版社，2019：36.

对概念、定义的表述，所做的论证，引用的事实、材料都要正确无误；对学生的作业、试卷的批改，个别辅导也应是正确无误的。

第二，结合教学内容的特点进行思想品德教育。我国各科教材内容本身就是教育性和科学性的统一。在教学中，教师要结合教材的特点，从教材内在的思想因素出发，针对学生的实际情况，寓思想教育于科学的教学内容之中。

第三，通过教学的各个环节对学生进行思想教育。除课堂教学外，教师还要通过作业、课外辅导、考试等环节对学生进行思想教育。结合教学对学生提出严格的要求，培养学生自觉负责的学习态度，使学生养成勤奋学习、持之以恒、一丝不苟的良好习惯和不怕困难、勇于克服困难的坚强意志。

第四，不断提高教师的业务水平和思想水平。教师的思想水平、知识修养、对科学的态度和思想方法，都会对学生产生潜移默化的影响。教师必须不断更新自己的知识，提高专业水平和思想修养，才能确保科学性和思想性的统一。

二、理论联系实际的原则

理论联系实际原则，是指在教学过程中应使学生从理论与实际结合中来理解和掌握知识，并且引导他们运用所获得的知识去解决各种实际问题，培养他们分析问题和解决问题的能力。这一原则是在吸收中外教育遗产的基础上，根据直接经验与间接经验相统一的教学规律提出来的，也反映了我国教育目的的要求。教师在运用这一原则时，应注意以下方面：

第一，加强基本理论和基础知识的教学。在教学中，教师必须保证理论知识的教学，严格按照课程标准、教科书的要求，把规定的知识教好。

第二，结合教材内容，恰当联系实际。教师在传授理论知识的同时，要根据教材内容、教学目标及学生学习的实际，有效提高教学效果，克服从书本到书本、从理论到理论的不足。在教学中联系实际的内容十分广泛，主要有联系学生的生活实际和经验、学生的思想实际、社会发展实际、科学上的最新成就实际等。常用的策略主要有：①在讲解过程中举例和演示；②组织学生练习、实验、实习、参观、访问；③在校内外活动中，引导学生加深和巩固对书本知识的理解。

第三，采取多种有效方式，培养学生运用知识的能力。在教授基本理论和基础知识的同时，要重视通过练习等方式进行基本技能的训练，使学生具有一定的实践操作能力。

第四，适当补充乡土教材。乡土教材是以本地的经济、文化、地理等材料为内容编写的教材，能更好地结合本地的实际需要。适当补充一些乡土教材，既有利于学生理解教材中的理论知识，又能联系实际加以运用，还能培养学生热爱乡土的观念和情感，树立为本地做贡献的思想。

三、循序渐进的原则

"循序渐进"是我国古代教育经验的总结和概括。循序渐进原则是指在教学过程中，教师要按照科学知识的内在逻辑顺序和学生身心发展的规律有步骤、有次序地进行教学，以期使受教育者掌握基础知识和基本技能，促进学生的身心发展，这一原则是由科学知识的逻辑体系和学生的认知发展规律所决定的。教师在运用这一原则时，应注意以下方面：

第一，做好教学内容的序，按课程标准和教科书的体系进行教学。一般而言，学科课程标准是各门课程内在逻辑体系的反映，是与相应年级学生的身心发展规律相适应的。教师要认真研究课程标准，充分了解和掌握课程的逻辑体系以及对学生的要求，在此基础上实施教学。掌握教学内容的序，还必须注意突出重点和难点，在教材的重点和难点上做努力。

第二，做好教学过程的序，由浅入深、由简到繁、由易到难进行教学。教师在教学过程中要根据教材的特点、学生认知的水平、学习程度以及教学的物质条件，选择和确定最佳的授课顺序，合理安排教学过程。在教学过程中，教师要善于把教材内容化难为易、化繁为简，坚持由近及远、由已知到未知、深入浅出地教学，使学生顺利学习。

第三，做好学生学习的序，培养学生系统学习知识的能力。学生的学习是一个循序渐进的过程，应该日积月累、系统地进行学习。所以，教师要通过必要的常规训练，培养学生踏踏实实、系统学习知识的良好习惯。

第二节　教育教学的方法

一、以语言传递为主的教育教学方法

（一）教育教学的讲授法

讲授法是教师运用口头语言系统地向学生传授知识的一种教学方法。讲授法以教师讲、学生听为基本的活动方式，具体可以分为讲述、讲解、讲读和讲演等方式。讲述是教师向学生叙述、描绘事物和现象的方式，如语文课教学中对作者和时代背景的介绍。通过讲述，可以使学生获得感性认识，形成表象。

讲授法主要包括：①讲解。讲解是教师向学生解释、论证所学教材的方式，通过讲解，可以使学生由感性认识上升到理性认识，理解所学的概念和规律。②讲读。讲读是教师利用教科书边读课文边讲解，中间还可以穿插读的训练的一种教学方法。③讲演。讲演是教师对一个完整的课题进行系统的分析、论证并得出科学结论的一种方法，它要求有分析、有概括、有理有据。讲述、讲解、讲读、讲演并没有严格的界限，在实际教学工作中，这些方式经常混合在一起使用。

教师在运用讲授法时需要注意：①讲授内容要有科学性和思想性，这是保证讲授效果的首要条件。教师讲授的概念、原理、事实、观点必须是准确无误的，而且要善于挖掘教材的思想教育因素，使学生既获得科学知识，又受到思想教育。②讲授要有系统性，条理清楚、重点突出。只有教师的讲授逻辑清楚、重点突出，学生才能听得明白、理解清楚。教师的讲授切忌散、乱、平铺直叙、空洞枯燥。③讲究语言艺术。教师的语言决定着讲授法的效果。所以，教师需要不断提高自己的语言修养。语言要清晰、准确、简练；语言要生动形象、富有感染力；速度适中、音量合适、语调抑扬顿挫。④恰当地配合和运用板书。恰当地运用板书，不仅可以弥补教师口头语言的不足，而且可以使教学目的更明确，条理更清楚，重点更突出。

（二）教育教学的谈话法

谈话法又称为问答法，是教师和学生通过口头语言以问答的方式进行教学的一种方法。谈话法可以分为启发式谈话和复习式谈话两种方式。启发式谈话是教师提出一系列问题，激发学生独立思考，一步一步得出结论，使学生获得新知识的方法。复习式谈话是通过一系列的问答形式，帮助学生复习、深化、系统化已学过知识的方法。

谈话法的优点是：①有利于调动师生双方活动的积极主动性，充分激发学生的思维活动，发展学生的语言表达能力；②有利于教学信息的反馈，使教师及时调整教学方式；③有利于促进教师和学生的情感交流和因材施教。但是，它的适用范围有限，多适用于从已知到未知；它要求学生有一定的知识基础，否则可能会出现"有问无答"，费时，且不易照顾到全体学生。

教师在运用谈话法时应注意：①做好充分的准备。教师应当在事前针对以下问题做出周密的考虑和安排，例如，围绕哪些内容进行谈话；提出哪些问题；提问哪些学生；如何提出问题；学生可能做出怎样的回答；怎样进一步引导学生等，在此基础上写出谈话提纲。②精心设计问题。所提问题要有启发性、逻辑性，根据教学内容的重点、难点和关键，设计前后联系、环环相扣的问题序列；所提问题要立意明确、措辞简练，求答范围清晰；所提问题的难度要适宜。③面向全体学生。谈话法的一个局限性就是不易使全体学生都参加到谈话中来，所以，教师要努力吸引每一个学生参与问答。④谈话结束时要归纳总结。谈话结束时，教师应当结合学生的回答，进行归纳总结，得出必要的结论，以便使学生获得全面系统的知识。

（三）教育教学的讨论法

讨论法是在教师指导下，学生以全班或小组为单位，围绕某一个问题，各抒己见和相互交流，获得知识或巩固知识的一种方法。讨论法的具体方式包括交换意见、分组讨论、全班讨论等。

讨论法的优点在于：①能更好地发挥学生学习的主动性、积极性；②有利于培养学生的合作精神，集思广益，互相学习，取长补短；③有利于促进学生的语言表达能力；④有利于培养学生灵活运用知识分析问题、解决问题的能力。但是，运用这种方法要求学生有一定的知识基础，有一定的理解能力和思考能力。讨论法常常与其他方法配合使用。

教师在运用讨论法时应注意：①精选讨论的内容。要选择那些有讨论价值的内容。一般而言，讨论的内容应当是教学内容的重点，并且学生容易产生不同意见。另外，难度要适宜，要适合学生的实际。②善于组织和引导学生。

教师应当在学生讨论时全面巡视、注意倾听，善于捕捉讨论中反映出来的问题。引导学生围绕题目中心，联系实际大胆发言。当学生讨论遇到障碍时，教师要适当点拨。③讨论结束时，教师要及时总结。对疑难问题或有争论的问题，教师要阐明自己的观点。有些问题需要学生进一步思考，可以让学生自己学习和探讨。教师还可以指出讨论中的优缺点，并指出以后改进的意见。

（四）教育教学的读书指导法

读书指导法是教师指导学生通过阅读教科书和课外读物获得知识、养成良好读书习惯、培养自学能力的教学方法。

读书指导法根据学生独立的程度可以分为三类：教师指导性阅读、学生半独立性阅读和独立性阅读。指导阅读的方法包括预习和复习阅读指导、课堂阅读和课外阅读指导等。读书指导法能够充分调动学生的学习积极性，有利于培养学生的自学能力和良好的阅读习惯。学生通过阅读书籍，培养独立思考和认真读书的习惯，不仅可以开阔眼界，广泛地去涉猎知识，还可以弥补教师讲解的不足。

教师在运用读书指导法时应注意：①帮助学生逐步学会阅读的方法。教师指导学生读书要把精读与略读、读与思结合起来。要求读懂书中的字词句、段篇章层次结构，学会概括段落大意，归纳中心思想，学会记读书笔记，学会使用工具书。②用多种方法指导学生阅读，如组织读书会、讨论会、演讲会等。③培养学生的读书兴趣，帮助学生养成良好的读书习惯。

二、以直观感知为主的教育教学方法

以直观感知为主的教学方法，是教师通过对实物或直观教具的演示和组织教学性参观等，使学生利用各种感官直接感知客观事物或现象而获得知识的方法。在教学过程中，以直接感知为主的教学方法主要有演示法和参观法。

（一）教育教学的演示法

演示法是教师在课堂上通过展示各种实物、直观教具，或者进行示范性实验，让学生通过观察获得感性认识的教学方法。演示法的特点是直观性强，可以帮助学生获得他们生活中缺乏而又必须掌握的感性知识。演示教学能引起学生的学习兴趣、激发学生的思维活动，使学生对知识的印象更深，便于记忆。教师在使用演示法时应注意：①演示前，明确演示的目的，做好演示的准备。②演示时，配合讲授进行。演示要精确、可靠，操作规范，要让全体学生都能看到，教育学生运用多种感官去感知，以形成正确的概念和表象。演示过程中，教师要引导学生注意观察演示对象的主要特征和重要方面。③演示后，教师要及时总结。演示后，教师要引导学生分析观察到的结果以及各种变化之间的关系，通过分析、对比、归纳、综合，得出正确的结论。

（二）教育教学的参观法

参观法是教师根据教学目的，组织学生到校外观察自然现象和社会现象，从而获得新知识或验证已经学习过的知识的教学方法。

参观法可以分为三种：①准备性参观，在学习某种知识前进行；②并行性参观，在学习某种知识中进行；③总结性参观，在学习某种知识后进行。

参观法的优点在于：能有效地把书本知识与实际紧密地结合起来，帮助学生深入理解和领会所学的理论知识；开阔学生的眼界，激发学生的求知欲望；还可以使学生受到生动而实际的思想教育。但是，这种方法费时较多，组织工作也比较复杂。

教师运用参观法时应注意：①做好参观的准备。教师要根据教学的目的和要求，选择参观的项目和地点，规定参观的步骤，确定参观的计划。要事先向学生说明参观的要求和注意事项。②指导参观的进行。在参观过程中，教师要关注和引导学生，提示学生注意的细节，引导学生思考，避免"走马观花"或"走过场"。③总结参观的收获。参观结束后，教师要组织学生讨论参观的收获，及时进行小结，要引导学生把收集到的材料进行分析研究，得出结论，形成报告。

第三章 教育教学的组织和实施

知识作为无形的生产力为社会创造了极大的财富,也促进着人类社会的进一步发展,而"人"作为社会的主体,其个人的发展状况受社会发展情况制约的同时也在反作用于社会的发展,所以要想保证社会处于不断进步的状态,就需要通过教育培养出高素质、高能力的创新型人才,使其为社会创造出更大价值。要想达成这一目的,高校在进行教育教学的组织与实施中就要依据实际情况进行调整和优化。鉴于此,本章重点探讨教育教学的组织与实施。

第一节 教育教学的组织

每一种教学活动都是由教师和学生利用一定的教学材料,在特定的教学时间和空间进行的。如何对这些教学要素进行合理的组织安排,以充分发挥各种教学要素的作用,取得最佳的教学效果是教学组织形式所要解决的问题。确切而言,教学组织形式是指为实现一定的课程与教学目标,围绕一定的教育内容或学习经验,在一定的时空环境中,师生之间相互作用的方式、结构与程序,它是关于怎样组织教学活动,怎样对教学时间、教学空间进行有效控制和利用的问题。

一、教育教学组织的形式

具体而言,教育教学组织形式包括以下内容:

第一,实现教学目标。教学组织形式是为实现课程和教学目标而设计的。不同的教学目标、不同的教学内容必须有与之相适应的教学组织形式。例如,技能、技巧的程序性知识与目标应尽可能做到教学的个别化。

第二,规定教学互动形式。教学作为教师的教与学生的学共同组成的双边活动，必然体现为师生之间和生生之间的互动过程。教学组织形式规定教学的互动形式。例如，互动是直接进行还是间接进行，是在班级中进行还是在小组内进行。

第三，安排教学时空。教学活动必须在一定的时空环境中完成，不同的教学时空环境对教学质量会产生极大的影响。教学组织形式要对教学时间的分配和教学空间的组合做出安排。

第四，组合教学要素。教学内容、教学方法、教学手段等各种教学要素只有通过合理配置，才能综合发挥最优效能。教学组织形式作为纽带，将各种教学要素进行优化组合，充分发挥各要素的作用，从而提高教学质量和效率。

二、教育教学组织的意义

教育教学组织形式是教学理论和教学实践的最终落脚点，对提高教学质量具有重要意义。

教学组织形式是对教学要素按照一定的程序在时间和空间上的组合形式。不同的组合形式必然影响着各要素在教学过程中的地位和作用，影响着其功能的发挥，进而影响着教学活动的成效。

从宏观来看，一种教育思想、一种教育改革，都要通过一定的教学组织形式去实施，教学组织形式的改革总是同教学方法的改革乃至整个教学模式的改革融为一体。从微观来看，教学组织形式决定着师生之间的关系，影响着师生之间相互活动的方式与效果。作为教学活动的纽带，教学组织形式影响着各种教学方法、手段能否发挥最佳功效，从而决定教学的实际效果。

所以，教学组织形式的合理与否，必然直接影响着教学活动的进程和效果。当一种教学组织形式作为教育思想体现在教育实践中被推广或全盘否定时，就会导致人才培养质量的大幅度变化。对教学组织形式的研究，有助于我们设计和构建合理的、符合教学规律的、有效的教学组织形式，有助于提高教学质量和教学实效。同时，也有助于我们总结经验教训，防止把教学组织形式绝对化、凝固化，最终导致教学质量下降。

第二节　教育教学的实施

教学活动是由相互衔接的教学环节构成的系统，从教师施教的工作系统而言，教学活动包括备课、上课、作业的布置与批改、学业成绩的检查与评定等内容。

一、教育教学实施的过程

（一）备课

备课是教师为上课而进行的准备与计划安排工作。备课分个人备课和集体备课两种：个人备课是任课教师自己进行的备课工作，这是教师最普遍、最基本的备课形式；集体备课是由相同学科和相同年级的教师共同进行的备课工作，以利于教师之间相互交流和集思广益，也便于统一教学要求。

备好课是上好课的前提条件。通过备课可以加强教学的计划性，以利于提高教学质量。备课的过程也是教师提高自身科学文化知识水平、积累总结教学经验和提高教学能力的过程。备课的过程也反映出教师的责任感、自觉性和积极性。

备课的基本工作内容主要包括：①钻研教材。钻研教材是备好课的关键，主要解决教什么的问题。钻研教材包括钻研课程计划、学科课程标准、教科书和教学参考资料等。②了解学生。学生不仅是教学的对象，而且是教学过程中的认知主体。教学的最终结果，要落实在学生的学习质量上。为了使备课工作能切合学生的实际，必须做到全面了解学生。③设计教学方法。在钻研教材、了解学生的基础上，教师要考虑用哪些方法使学生掌握这些知识并促进他们能力和品德等方面的发展，即要解决"怎样教"的问题。教学方法的设计主要包括确定课的类型和结构，组织安排教材，选择适当的教学方法，准备所需要的教具、实验仪器及其他资料。④拟订教学计划。就课程实施而言，教学计划主要包括学年（或学期）教学进度计划、单元（或课题）教学计划和课时计划三种。

（二）上课

上课是教学工作的中心环节，对其他环节具有支配和决定作用，是提高教学质量的关键。教师应当上好每一节课。根据教学实践经验，一节成功的课应达到以下五项要求：

第一，目标明确、具体可行。教学目标是一节课的出发点和最终归宿。能否实现教学目标，是衡量一节课是否成功的首要标准。一节课的教学目标要做到：①全面，要力求实现知识、技能和情感目标的统一；②具体，要明确各种知识的学习、能力的培养应达到哪些标准，以便于测试；③可行，不仅要体现学科课程标准的要求，而且要切合学生的实际。在教学过程中，不仅教师要明确教学目标，学生也应当了解教学目标，并将教学目标贯穿于教学过程的始终，使整个教学活动始终紧紧围绕着教学目标进行。

第二，内容正确、处理得当。教学内容是教学目标得以实现的重要保障。正确的教学内容，应该体现科学性和思想性的有机统一。教师在准确无误地传授知识的同时，要有效地对学生进行思想教育。

第三，方法恰当、灵活多样。教学方法是实现教学目标的手段，一节成功的课在教学方法的使用上应做到：①恰当合理，依据教学目标和学生的实际恰当选择教学方法；②灵活多样，综合使用多种教学方法；③富有启发性，能激发学生的学习动机，引起兴趣，活跃思维。

第四，组织严密、效率高效。一节成功的课应有严密的计划性，一方面，教师的教与学生的学要密切配合，教师既要注意讲授，还要指导和组织学生学习，以保持教学活动的有序性；另一方面，教学活动的结构要紧凑、环环相扣、有条不紊，使教学时间得到最大限度的利用，提高教学效率。

第五，积极性高、效果良好。"积极性高、效果良好"是衡量一节课是否成功的关键。积极性高是指在整个教学过程中，充分发挥教师的主导作用和学生的主体作用。效果良好是指全面实现教学目标，最大限度地促进学生发展。

（三）作业的布置与批改

作业的布置与批改是课堂教学的反馈环节，是教学工作的有机组成部分。学生知识的复习、巩固和运用是通过一定的作业来实现的。

组织学生作业的目的在于，帮助学生进一步巩固和消化课堂所学的知识，并通过练习形成相应的技能；培养和提高学生应用知识的能力和习惯；发展学生的智力和创造才能；培养学生对学习的责任心，形成独立思考和自觉学习的习惯，锻炼克服困难的毅力。

教师在布置作业时应注意三个方面：①作业内容要符合课程标准和课堂教学的要求，要有利于学生巩固与加深理解所学的知识，形成相应的技能、技巧。②作业的分量和难易要适当，大多数学生经过努力都能完成，避免负担过重。对于学有余力的学生可以适当增加一些作业。③作业要有明确的要求和时间限制。对比较复杂的问题，教师可以适当提示，及时加以指导，但不可包办代替。

另外，"批改作业是高校教师检查学生学习状况、取得反馈信息的重要途径，也是促进学生自我提高学习能力的手段"[①]。通过批改作业，教师可以全面了解学生知识掌握和运用的情况，同时，对作业中的错误原因进行分析，教师可以进一步获得反馈信息，以便对教学做出有针对性的改进，从而提高教学质量。作业批改的形式很多，主要有全面批改、重点批改、轮流批改、当面批改、指导学生自批自改或互批互改等。

（四）学业成绩的检查与评定

对学生学业成绩进行检查和评定是相对完整的教学过程中的最后环节，是教学工作不可缺少的组成部分。

学业成绩的检查与评定是教学工作的反馈环节，它对于调节教学工作、提高教学质量有着重要的意义。通过学业成绩的检查与评定，教师可以了解自己教学的效果，便于总结教学经验，改进教学；学生能从自己学习结果的反映中及时获得反馈信息，了解自己的学习情况与学习目标之间的差距，以进一步调整自己努力的方向；学校领导可以了解教师教和学生学的情况，为改进教学工作、制定改进教学工作的措施提供依据；学生家长可以及时了解自己的子女在学校的学习、进步情况，以便与学校密切配合，更好地教育子女。

1. 学业成绩的检查

学业成绩的检查方式主要包括考查和考试两类。考查多用于平时检查，考试多用于阶段性检查。考查是在平时的课堂教学和课外作业等教学活动中对教学效果所进行的检查，它具有及时、灵活、方便的特点，可以经常使用。

---

① 陈金阳. 浅议当代大学数学课后作业实施意义及教学功能 [J]. 学理论，2010（4）：171.

考试是对学生的学业成绩进行阶段性检查的一种方式,它具有总结性的特点,通常在学习告一个段落之后,为了系统检查和衡量所学的知识、技能等方面的情况进行考试,如期中考试、期终考试、学年考试和毕业考试等。根据其功能,可以分为合格水平考试和选拔性考试两类。合格水平考试的目的在于考核学生是否达到预定的教学目标,选拔考试的目的在于对学生的学习水平进行区分,如各种竞赛、升学考试等。

2. 学业成绩的评定

学业成绩评定的方式有百分制和等级制两种:①百分制。百分制方法能展示出学生学习的进步序列,能有效地鼓励学生为争取高分而努力。②等级制。等级制可以分为两类:一类是文字等级记分法,如优、良、中、差、甲、乙、丙、丁等;另一类是数字等级法,如5、4、3、2、1,其中5分为最高,3分为及格。等级制记分法便于对学生掌握知识的水平做出综合的质量评定。它的优点是记录方便,等级分明;缺点是无法记录学生成绩上的细微差别。一般而言,这两种记分方法要和评语有效地结合起来使用。

二、疫情背景下教育教学的实施

下面以疫情背景下在线教学与高校教育教学融合路径为例进行分析。

(一)疫情背景下在线教学与教育教学融合的现状

在线教学与高校教育教学融合路径的探究随着网络技术的不断发展更加深入具体,在线教学作为信息技术发展过程中辅助教育教学的一个重要手段,极大程度地补充和丰富了传统教育教学的形式和资源。各大高校在对在线教学与高校教育教学融合路径探究的过程中不断进行尝试,取得了一定的突破和成就,逐渐形成具有雏形的在线教学资源库。疫情发生后,我国教育部门发出"停课不停学"的号召,各大高校积极响应,将课程通过互联网平台进行在线教学,以确保在符合疫情防控要求的前提下,不影响学校日常教学活动的开展。此次特殊时期采取的线上教学模式对于在线教学的推广具有积极的促进意义,同时为我国在线教学与高校教育教学融合路径的探究提供了重要的实践经验。

在线教学改变了传统课堂的教学模式,给予了学生充分的自主时间对课程进行学习,确保学生对学习内容有自己的思考和理解,是信息技术时代一种重要的教学手段。同时,在线教学可以作为第二课堂对传统课堂的内容进行补充，根据课程安排在线教学的方式已经被各大高校所接受，在实践教学中也作为重要的辅助教学手段参与教育教学活动。

慕课作为信息技术与高等教育教学结合的优秀典范，创造了新的教学时代。北京大学、清华大学、香港大学等高校纷纷加入在线课程平台，同时，中国高等教育慕课平台的上线，标志着中国高等教育慕课时代大幕正式拉开。随着信息技术的不断发展，慕课的使用情况也受到越来越多人的关注。慕课作为在线教学的主要平台之一，其发展历程充分地反映了我国对于在线教学与高等教育教学融合路径所做的不断的尝试，也是一个大胆的突破。

疫情暴发以后，为了切实保障师生和校园公共卫生安全，各大高校春季学期延期开学，利用网络信息技术、在线教学方式响应"停课不停学"的号召。中华人民共和国教育部通过统筹整合各级相关教学资源，为在线教学提供了丰富的教学资源，全力保障了在线教学的开展，保证了办学体系的正常教学秩序。

（二）疫情背景下在线教学与教育教学融合的优势

随着信息技术的快速发展，各大高校都尝试在教育教学活动中融入当下先进的信息技术手段，以更好地辅助完成教育教学任务。当代大学生具有很强的学习能力，能较快地接受新兴事物，并可以快速地掌握新兴事物的使用方法，所以信息技术衍生出的相关教育教学手段在高校教育教学中发挥了不可替代的作用，其中在线教学作为发展较为成熟的教育教学手段之一，其与高校教育教学的融合具有较多的优点。

1. 帮助提高课堂的参与度

在线教学模式得益于丰富的大量的在线平台和工具，相较于传统课堂教学模式更加新颖，对学生有较强的吸引力，更容易激发学生的学习兴趣，提高学生的课堂参与度。师生和生生通过在线平台和工具可以更容易地在课上课下进行互动交流，使得课堂由教师单一授课的局面转向师生共同完成教学，充分发挥了学生在课堂上的主体作用。学生可以根据个人的学习情况进行在线的提问和练习，同时可以对教师或其他学生的问题进行回答，尊重了不同学生之间的个体差异性，也帮助学生更好地对教学内容进行思考和理解。因此，师生和生生之间都可以平等便捷地进行交流，实现真正意义上的随时随地畅所欲言，为学生提供了相互辅导协作的机会，有利于培养学生解决问题的能力和素养；同时可以营造良好的课堂氛围，提高学生在课堂中的参与度，从而帮助学生加深对知识的理解，做到真正的学以致用。

2. 促进共享教育教学资源

线下教学大多采用课程大纲规定的课本，所受的局限性较大。而通过在线教学，学生可以根据自己的需求对教育教学资源进行选择，达到教育教学资源的共享。在线教学平台由各大高校共同建设维护，平台上的教育教学资源可供使用平台的学生自主选择，而便捷的互联网条件也为学生提供了获取丰富教育教学资源的途径。平台的教育教学资源由各大高校提供，高校将自己的精品课程资源上传到平台，提供给其他高校或自己学校的学生使用。同时，随着信息技术的不断发展，学生可以借助互联网获取所需的教育教学资源。在线教学打破了传统教育教学在时间和空间上对教育教学资源的限制，实现了教育教学资源的共享，让各高校之间可以取长补短、互相学习，有利于改善教育资源分布不均的局面。

3. 实现学生个性化的学习

在线教学的时间和地点比较灵活，对学生没有强制性的学习要求，学生可以根据自己的需求自主选择适合自己的学习方式，安排学习内容，制定适合自己的个性化学习计划。在线教学的教育教学资源丰富，并且教育教学的形式也多种多样，为学生的在线教学提供了多样的选择，学生可以借助自己容易获取的方式进行在线学习，实现对线下学习内容的补充和完善，或者满足自己个人提升的需求，实现不同于传统课堂的个性化自主学习。

（三）疫情背景下在线教学与教育教学融合的方案

1. 培养专业教师团队

在线教学因为上课形式的特殊性，课程的时间不宜过长，这就要求教师对课程内容十分了解和熟悉，懂得如何将课程内容逻辑安排得合理，让学生在课堂时间内可以高效地理解和接受。在线教学区别于线下学习，教师需要面对的是没有任何反馈的机器，而不是可以进行互动的学生，就会出现一些教学经验丰富的教师在面对镜头的时候过于紧张的情况，导致教育教学目标不能完成，呈现给学生的课程质量较差。因此，这就需要建立专业的教师团队，要求教师不仅能够熟练掌握自己所教授的课程内容，也要做到自如地面对机器，完整地呈现出设计好的课程。在这个过程中，教师可以学习网络上已有的成功的视频案例，结合自己教授的课程，提高在线教学的效率和质量，增强在线教学效果。

2. 细化过程化的管理

在线教学不像线下教学具有较强的约束力，教师很难对学生的在线学习情况进行实时了解，而仅仅依赖于结课以后的一次考试又难以全面地评价学生各个阶段的学习效果。因此，在线教学强调针对学生的整个学习过程进行过程化管理，将管理贯穿于课前自学、线上讨论、课后反思的全过程。采用阶段性的测试、作业、讨论、提问等方式提高学生在课程中的参与度，学生参与课程表现的好坏也不仅仅由教师的评价决定，可以综合考虑学生自己的评价、学生之间的互评、教师的评价等评价方式，使过程化管理更合理有效。

3. 加强课程间的互动

在线教学提出来的一个原因就是想要让学生在学习中发挥主观能动性，参与到课程中来，信息技术的快速发展为此提供了机遇。"三人行，则必有我师焉"，强调的就是在学习过程中多人交流合作可以带来思维的碰撞，促进学生对课程内容的深入理解，从而创造更大的价值。通过师生和生生之间的交流加强课程的互动，在教学的过程中让学生学会聆听他人的想法，并通过思考别人的观点判断自己的观点是否正确，激发自己潜在的创意。

4. 明确课程任务导向

在线教学由于任务划分不明确，会让学生在学习中出现任务迷航的情况，因此需要教师在课前结合学生的实际情况设置教学目标，布置每节课的学习任务，设计合理的教学思路引导学生进行思考，使学生在强烈的问题动机驱动下完成既定任务。为了促进学生主动学习，课程内容体系的设计需要结合实际的教学目标，将复杂的教学问题拆分成一个个简单的有关联的教学问题，从而引领学生在学习中进行自我探究、小组合作、实践操作。

5. 全面了解学生的表现

在线教学依托于网络平台进行授课，容易产生教师与学生之间的疏远感，因此，教师需要及时、全面地了解学生的表现。在教学设计中常常涉及提问、讨论、作业等环节，教师需要对学生在学习过程中产生的问题及时进行指导，以增强学生的归属感。教师通过及时了解学生的表现，可以拉近与学生之间的距离，让学生对参与课程活动产生兴趣，增强学习氛围。

总而言之，在线教学是信息技术领域融合进高校教育教学过程中辅助教育教学的重要手段之一，具有极大的技术优势。此次疫情的特殊情况，对在线教学和高校教育教学的融合又是一次巨大的推动，也充分地反映了国家在应对突发事件上越来越强大的完善能力。借助在线教学模式，可以更好地培养学生的自主学习能力和思维创新水平，同时对教育教学资源也有更深层次的拓展和延伸。信息技术的发展是日新月异的，在线教学也必须紧跟时代发展的潮流，抓住学生学习的特点，不断总结和完善在线教学与高校教育教学融合的路径，规范线上教学组织行为，从而收到更好的教学效果。

第四章　信息化教学资源整合与建设

信息化教学资源整合与建设是高校向教育信息化发展的重要保障，通过资源整合与建设，高校可以全面优化教学资源的应用环境，为实现从信息服务到知识服务的转变奠定基础。本章重点探讨信息化教学资源及其使用、信息化教学资源整合策略、信息化教学资源库的建设。

第一节　信息化教学资源及其使用

"随着信息技术飞速发展，以教育信息化为引领的教育改革势在必行，大力推进信息化教学资源的开发、共享和应用是教育信息化的重要内容"[1]。教学资源通常又称为学习资源，它是指一切可以用来促进学生学习、支持学与教全部过程的各种支持系统、学习材料和环境条件的总称。在教育技术领域，在广义上，教学资源则包括了人力资源、物质资源和信息资源等诸多方面，它是指能够促进有效学习的所有可资之源。狭义上人们通常把教学资源理解为应用于教学过程的各种媒体设备和教学材料，如各类教学软件和教学传播系统等。

一、信息化教学资源的获取和加工

信息化教学资源主要包括文本、图形/图像、音频、视频、动画等多种类型。信息化教学中的数字化资源要根据教育教学活动的内容来选用。

不管是何种类型的信息化教学资源，必然以某种特定的文件格式存储在计算机内，这里的"格式"即表示文件的类型，也告知需用何种计算机程序

---

[1] 魏刚. 信息化教学资源的开发与应用 [J]. 信息与电脑，2017（1）：206.

来处理或使用。文件格式通常由两部分组成，即"文件名+扩展名"，文件名表示文件的名称，扩展名表示文件的格式，其表示形式如"风景.jpg"。不同类型的信息化教学资源用不同的文件格式来存储和表征，即使是同一种信息化教学资源也可以用不同的文件格式来存储和表征。同一类型、内容但不同格式的信息化教学资源，在计算机中存储空间越大，其质量就越好，但也会直接导致占用更大储存空间、影响传输速度。所以选用信息化教学资源时，一定要选择质量、格式适中的文件。

（一）信息化教学资源的获取

随着教育信息化发展的迅速推进，信息化教学资源也是日新月异，如何熟练掌握信息化教学资源的获取方式和技巧，如何快速、有效地获取优质的信息化教学资源，是教师必备的专业技能。

1. 信息化教学资源常见获取

（1）文本：键盘录入，扫描印刷品，语音录入等。

（2）图形：专用软件支持下的电脑绘制。

（3）图像：专用软件支持下的电脑创作，拍摄，扫描，电脑截屏等。

（4）音频：专用软件支持下的电脑创作，录制，光盘，录音获取。

（5）视频：拍摄，屏幕录制，PowerPoint等专用软件生成，录像带/摄像机截取。

（6）动画：专用软件支持下的电脑创作。

（7）虚拟现实（VR）：专用软件支持下的电脑创作。

2. 信息化教学资源网络获取

（1）常用的检索方法。①搜索引擎查找：如百度、谷歌、新浪等。②数据库查询：如中国期刊网、中国知网、万方数据库等。③专业软件搜索：光速搜索、超凡搜索、百度搜索。④直接浏览网页：偶然发现，顺"链"而行。

（2）常用网络搜索引擎。常用网络搜索引擎主要有以下方面：①百度；②搜狐；③搜狗；④新浪；⑤谷歌。

首先，用好网络搜索中的逻辑运算符。

AND：与，必须同时包含给出的关键字才能被列出。如"课件 AND 健康"，即搜索结果中同时包含"课件"和"健康"。

OR：或，包含给出的任意一个关键字都能被列出。如"课件 OR 大学"，即搜索结果中或包含"课件"或包含"大学"。

NOT：非，结果不能包含 NOT 后面的关键字。如"课件 NOT 大学"，即搜索结果中包含"课件"但不包含"大学"。

其次，用好网络搜索中的通配符。"？"代表任意一个字符；"★"代表任意多个字符。如"以★治国"，表示搜索第一个字为"以"，末尾两个字为"治国"的短语，中间任意多个字符。

最后，用好网络搜索中的关键字。输入多个词语搜索（不同字词之间用一个空格隔开），可以获得更精确的搜索结果。此外，关键字输入并非越多越好；关键字相当于限制条件，过多的关键字，有可能导致检索到的内容太少甚至检索不到。

（3）网络资源的下载。

一是文本资源：复制网页上的文本；保存网页；网络电子书籍（pdf 格式——使用 adobe reader 阅读和复制，caj、nh、kdh 格式——使用 caj 全文浏览器阅读和复制）；禁止复制的文字（查看源代码等）。

二是图片资源：专门下载软件（网络蜘蛛、ImageDown）；"搜索"图片→"右键"图片→"图片另存为"。

三是声音资源：目标另存为；下载内嵌在网页中的音频素材；录制在线播放的声音（Windows 录音机或其他专用软件）。

四是视频资源：在线播放视频；屏幕录制（优酷）；专用软件下载（维棠等）。

五是动图资源：gif 格式→右键/图片另存为，复制/粘贴；flash 格式→复制/粘贴；专用软件（迅雷、flash）。

（二）信息化教学资源加工

信息化教学资源加工主要有以下常用方法：

1. 文本加工

文本加工：①常用文本：字体、字号、段落、艺术字、页面、页码、表格等加工。②幻灯片文本：遵循 5/10/20/30/40 法则。③特效文本：彩字秀等专用软件。

2. 图像加工

图像加工（我要自学网），具体如下：

（1）Photoshop 功能、菜单、工具及图像尺寸等基础知识。

（2）Photoshop 中常用的处理方式。①调整图像尺寸：点击"图像"菜单→点击"图像大小"子菜单→进行相应设置→点击"确定"。②变图像色调：点击"图像"菜单→点击"调整"子菜单→点击"色相/饱和度"子菜单→进行相应调整→点击"确定"。③调整亮度、对比度：点击"图像"菜单4点击"调整"子菜单→点击"亮度/对比度"子菜单→进行相应设置→点击"确定"。④裁切部分图像：选择"选取"工具拖选"区域"→点击"图像"菜单→点击"裁切"子菜单。⑤添加文字：选择文字"T"工具→点击"画布"→输入文字→设置"字体、字号、颜色及艺术效果"→点击"确定"。⑥图形绘制：选取"矩形工具"→拖绘图形→图形边框、填充处理。⑦合成图像：拖放拼图→设置"羽化、蒙版、滤镜效果"→另存为。

（3）美图秀秀：拼接图片、去除水印等功能。

（4）电脑屏幕截图：截取图片（启动屏幕→点击 Print Screen 键）→启动软件（开始→程序→画图或 Photoshop）→粘贴图片（按 Ctrl+V 键）→处理图片→保存图片。

（5）专题网站：我图网、昵图网等。

3. 音频、视频加工

（1）利用操作系统自带录音软件：连接录音设置（话筒）→启动电脑→点击"开始"按钮→单击"程序"选项→单击"附件"选项→单击"娱乐"选项→"录音机"选项。

（2）利用会声会影等专用软件。会声会影的常用处理方式为：整体剪裁、部分删除、多段合并、添加字幕、转场特效处理、摄录（外部设备录制；屏幕录制）。

二、信息化教学资源的课件开发

（一）信息化教学课件的功能和特征

信息化教学课件是一类用于辅助教学的文件，是一种程序化的教材。它充分利用信息化媒体、资源及技术手段展现教学内容，使课堂教学更加形象、直观和生动，有利于实现个性化、多层次、创造性的学习目标。

1. 信息化教学课件的功能

信息化教学课件的功能，简单而言就是有效教学。从课堂教学看，可代替教师实施课堂教学，也可辅助师生实现个性化教学和自主学习；从教学内容及教学目标看，它既可用于知识的传授，又可用于技能训练，还可实现学业水平测试等；从课件规模看，既可用于某一知识点的教学，又可用于某一课题、主题、抑或是某一课程的教学；从教学效益而言，因教学呈现的图文并茂、声情并茂而激发学生的学习兴趣，友好的人机交互以调动学生的积极参与性，丰富的教学信息以拓宽学生的认知广度和深度。

2. 信息化教学课件的特征

（1）与教学内容有关。学前教育中的不同教学领域，创作出来的课件可能不同。如科学课件注重原理、过程、现象的模拟或再现，而语言课件则注重情景、情节、情感的描述或表现。

（2）与教学对象关联。教学对象的认知基础和认知水平也会影响对课件的设计。课件必须生动形象、动静结合、色彩艳丽，以吸引学生的注意。

（3）与教学目标、教学策略紧密联系。同样的教学对象，同样的领域，活动目标不同，创作出的课件也可能不同。

（4）与创作者的教学思想、教学方法密切相关。同一个教学目标，教师不同，教学方法就可能不一样，不同的方法又必然在所创作的信息化教学课件中有所反映。

（5）还与创作工具、手段密不可分。目前，课件创作工具很多，不同的工具创作出的效果差异较大。如用 PowerPoint 和 Flash 均可实现动画，但两者创作出的动画效果各有特点。

（二）信息化教学课件的开发流程

课件的开发涉及多种学科的知识和技能，一般由课程专家、教学设计人员、心理学家、有经验的学科教师、教研人员、美术人员、软件设计人员，有时还需要音乐工作者、摄录像人员等共同组成开发小组。课件的制作一般要经过以下程序：选定课题、分析教学内容、分析学习对象、确定教学目标、选择教学方法、规划课件结构、编写制作稿本、进行课件制作与运行测试、教学应用实践、再次修改调试和正式交付使用。当然，日常课件制作并没有如此烦琐的操作步骤，否则教师大量时间将被消耗在制作课件上，难以常态化地实施信息化教学。

另外，由于课件的运行环境、开发工具、教学目标、教学策略及使用对象的不同，往往采用不同的结构形式或综合应用各种结构形式。目前，在教学活动中比较常见的结构有以下三种：

第一，线性式结构。线性式结构通常会按照线性的顺序"播放"整个课件，这是常用的一种结构。

第二，网状式结构。网状式是一种网状结构，是一种很常见的多媒体课件结构形式。这种课件虽然按照分类来组织，但有时也会在部分节点上、分支间进行跳转，以达成教学活动中的相对灵活性。

第三，交互式结构。交互式也是一种结构化的信息组织方式，适合于需要详细解释和大量练习的主题，它企图像导师一样通过序列化信息、测试、反馈与学生进行交互。在这种学习环境中，学生的学习受系统的控制，有清楚的学习目标，一般较少使用外部资源。

三、信息化教学资源的主要应用

（一）视、听媒体教学资源及其应用

人们通过自己的感官来感知周围客观世界的存在和获取关于世界的各种信息。从教学资源的信息表现形式来看，视听媒体教学资源包括视觉媒体资源、听觉媒体资源和视听媒体资源。

1. 视觉媒体资源及其应用

载有各种教学信息的所有视觉材料都属于视觉媒体教学资源，如教科书、文字、图表等印刷材料，黑板、实物、模型等直观教具，以及幻灯片、投影片等投影视觉教材等。

（1）印刷材料。印刷材料主要包括教科书、参考书、图示材料和其他文字教材（如讲义）等。教科书通常称为课本，它是根据教学大纲的要求系统地表达课程内容的教学用书，是学生获取系统知识的重要来源，同时也是教师传道授业的基本依据，是保障教学任务顺利完成的基本教学资源。

图示材料包括图画、照片、图表和挂图等视觉材料，它们无须放映设备就可以直接供教学使用。各类图示材料通过对相关内容的形象示意，为教学提供较为生动的学习信息，不仅有助于解释说明教学内容或知识关系等，也

有益于提高学生的学习效果，并能够提高和维持学生的学习兴趣和注意力。

教科书、图示材料等各类印刷材料以凝固的信息符号呈示教学内容，它具有方便易得、使用方式灵活等优点，但却需要较强的理解能力和阅读能力。此类资源和学生之间缺乏互动作用，因此，教学中通常需要教师进行讲解分析，并通过师生互动才能发挥出最大的使用效益。

（2）直观教具。常用的直观教具主要包括书写板和实物模型等。书写板有多种颜色，如黑色、白色、暗绿色等，其中，课堂教学中以黑色和暗绿色最为常用，通常称为"黑板"。黑板具有能写、能画、能贴、能擦等功能，教师可以灵活使用黑板呈现教学内容，有利于学生对教学内容的感知和认识。

板书是书写板呈现教学信息的主要形式。在现代教育技术迅速发展的今天，板书依然是班级课堂教学呈现教学信息的常用方式。板书通过视觉器官传递教学信息，它以文字形式概括性地呈现知识内容，比语言讲授更具有直观性和条理性。文字板书与诉诸听觉的语言符号相辅相成，以简练、清晰的视觉符号来弥补语言讲授稍纵即逝的缺陷。

实物演示、标本、模型等直观教具能够让学生具体感知事物的形态结构或运动状态，有利于学生获得直接的感性体验。一般而言，当学生对教学内容缺乏实际接触或无法直接认识事物特征时，教学中应尽量使用这类媒体资源，并与课堂讲解进行恰当结合，尤其是对于一些自然学科或对于低年级的小学生而言，这类教学资源的使用更重要。

（3）投影材料。传统投影材料是通过光学投影媒体来呈现知识信息的教学材料，主要包括幻灯片、投影片和实物投影等类型。幻灯片通常是使用摄影胶片制作的单幅或连续的小格透明画面材料，其画幅尺寸通常为24毫米×36毫米。投影片是采用各种透明软片制作的光学投影教材，其规格大小不等，常用的有A4幅面、250毫米×245毫米等，可用来绘制或书写各类文字、图表、图画等教学内容。实物投影是使用实物投影器或视频演示设备等来投影各种不透明材料或实物的教学媒体，如投影各类印刷材料（插图、照片、图表等）、投影实物或模型，投影演示实验及过程等。

投影教学材料主要有基本型、复合型和活动型等。基本型即直接将图文内容书写或印制在投影片上。复合型是将较为复杂的知识内容简化为几个层次，分别绘制在几张投影片上，再复合使用构成完整的投影教学过程。活动型投影片通常由一张定片和数张动片组成，根据产生活动的原理可分为抽拉式、转动式或动感模拟式等类型。投影教材常用的制作方法有书写绘制法、静电复印法和数字打印法等。书写绘制法是在透明投影片基上直接书写或绘制教学所需的各类图文内容；静电复印法是将书刊中需要展示的图文内容用静电复印机直接复印到透明片上；数字打印法是先使用计算机设计、加工和处理教学所需的图文内容，再通过打印设备将其直接打印在投影胶片上。

投影教学材料具有形象直观、易于普及、使用灵活等特点，在很大程度上代替板书或挂图等直观媒体，通过采用图示讲解法、演示实验法、作业练习法等教学方式，有利于在较大范围内更清晰地观察使用，或是通过投影演示创造出教学的情境氛围来传递各类教学信息，揭示事物特征或运动规律等，从而有效地提高教学效果。

随着信息化教育的不断发展，多媒体投影机已经成为目前课堂教学中常见的设备，多媒体投影材料也由透明胶片发展为数字化的文本、图形、图像、动画等形式。多媒体投影机是一种集视频信号与计算机信息互相转换为一体的大屏幕投影系统设备，它既可以同步显示高分辨率计算机、工作站的图像，也可以显示来自实物展台的视频信号，为学生提供清晰、逼真、直观的影像。

2. 听觉媒体资源及其应用

听觉媒体教学资源是指为了教学目的而专门录制和传播的各种声音教学信息。借助听觉来传递和交流信息一直是人际传播的重要方式，它也是除视觉之外人们认识客观事物的重要途径。

听觉媒体教学资源包括各类教学广播、教学唱片和语言实验室教学系统等。广播和录音易制易得、传播简单、使用方便，其应用最为普遍。广播教学通常是指无线广播，如校园外语广播、教育广播节目等，它不仅有利于提高语言教学的效果和质量，还有利于以经济化的手段来实现教育的规模化。录音媒体具有声音记录、存储、复制和再现的多种功能，它在与声音有关的教学或语言技能训练中具有文字载体等教学资源无法替代的特殊作用。在语言实验室中使用各种声音信息资源开展教学活动，有利于提高听觉教学资源的使用效果。

听觉媒体资源的使用方式主要有示范教学、听力教学、语言训练、情境展示等形式，它具有直观性、可控性、经济性和广泛性等基本特点。广播教学可以扩大教学规模，实现经济效益，具有时效性和即时性的特点，学生学习的选择性较差。

3. 视听媒体资源及其应用

视听媒体教学资源是指根据教学需要，运用影视、录像等媒体技术和艺术语言，通过画面和声音的有机结合，以动态的方式来综合呈现教学过程和知识信息的各种视听教学材料，如各类教育电视节目、系统化的专业电视教程等视听教学材料。

另外，视听媒体资源通过多媒体计算机和信息高速公路的传播，可以更好地开展丰富生动的个别化教学。不同学科、课程以及不同的教学形式可以设计成不同类型的视听教材，如班级教学过程的课堂实录型、讲解某一专题知识的解说分析型、动作技能或实验过程的示范演示型、以戏剧化情境方式传递教学信息的情境表演型、供课堂插播教学使用的资料汇编型，以及基于视听资料编辑制作的多媒体软件等。

运用视听媒体资源开展教学活动，教学方式灵活多样，如课堂插播教学是在课堂教学过程中根据需要随时插播段落性的视听音像资料；远距离教学则主要播放系统化或系列化的各类专业课程；微格教学中常常利用示范教材观摩学习，并通过录像手段反馈训练等。另外，利用各种视听媒体资源也有利于学生开展自主性的个别化学习，或者通过校园电视网络开展第二课堂活动，加强对学生的综合素质教育等。

（二）网络教学资源及其应用

互联网正逐渐成为人们日常生活中最主要的信息来源。作为一个全球性的资源宝库，互联网能为用户提供丰富的信息资源和网上服务，如WWW信息浏览、网络信息检索、E-mail邮件收发、FTP文件传输、Usenet新闻组、BBS等电子论坛以及其他各种信息和通信服务等。

1. 网络交流工具及其应用

基于网络支持的各种通信与交流工具也是一种重要的教育资源。网络信息的交流方式很多，根据交互与反馈的时间延迟不同可以分为同步交流工具和异步交流工具，具体如下：

（1）同步交流工具

一是腾讯QQ。腾讯QQ的简称，是腾讯公司开发的一款基于互联网的即时通信（IM）软件。目前，腾讯QQ已经覆盖Microsoft Windows、OSX、Android、iOS、Windows Phone等多种主流平台。其标志是一只戴着红色围巾的小企鹅。腾讯支持在线聊天、视频通话、点对点断点续传文件、共享文件、网络硬盘、自定义面板、邮箱等多种功能,并可与多种通信终端相连。

二是微信。微信(WeChat)支持跨通信运营商、跨操作系统平台通过网络快速发送免费(需消耗少量网络流量)的语音短信、视频、图片和文字,同时,也可以使用通过共享流媒体内容的资料和基于位置的社交插件"摇一摇""漂流瓶""朋友圈""公众平台""语音记事本"等服务插件。

(2)异步交流工具

一是电子邮件(E-mail)和邮件列表(Mailing list)。E-mail 主要用于计算机用户之间交换电子信件,是网络提供的一种简便、快捷、经济、实用、信息量大的异步电子通信手段。E-mail 的正文通常是文本形式,但通过邮件的附件可以携带一些其他格式的文档,如 Word 文档、各种图片文档、Flash 动画文档,甚至还可以传送语音邮件和视频邮件等。通过 E-mail 可以进行师生之间的学习交流,但是当学生数量和问题激增时,指导教师几乎不可能对每个学生的问题都进行回复。

Mailing list 是互联网的一种重要工具,主要用于群体之间的信息交流和发布。邮件列表使用简单方便,传播范围广,可以向互联网上数十万个用户迅速传递消息,方式可以是主持人发言、自由讨论和授权发言人发言等。邮件列表是一种适合一对多方发布电子邮件的有效工具。发件人只需把所有收件人的邮件地址一次性输入邮件列表的地址栏中,以后发送邮件时,所有收件人都可以收到该信件,从而免除了发件人的重复劳动。

二是 BBS 电子公告板。BBS(Bulletin Board System)电子公告板是网上信息交流的常用工具,它通常通过 Telnet 方式登录进行在线讨论。为了满足 Web 用户的需求,基于 Web 的功能讨论区也逐渐发展起来,网络用户在BBS 上可以通过张贴文章或开展实时讨论等进行直接的信息交流,BBS 正在以其信息传递快捷、用户广泛参与、言论自由平等、交流方便等特点,发展成极富吸引力的网络学习社区。

基于 BBS 的网络论坛是网络远程学习的重要工具,通过 BBS 自由讨论,能够为学习者提供一个学习交流的园地,还可以作为师生间学习信息反馈的重要途径。教师可以选择典型问题予以解惑,学习者之间也可以相互交流,实现网络协同式建构学习。一般而言,BBS 上的各种资料都是按照主题设定分类讨论区,这样信息交流、咨询或查找起来比较方便。

三是微博。微博（Weibo），即微型博客（MicroBlog），也称迷你博客（Mini Blog），是一种通过关注机制分享简短实时信息的广播式的社交网络平台。微博是一个基于用户关系分享、传播及获取信息的平台。用户可以通过 Web、WaP 等各种客户端组建个人社区，以少量的文字更新信息，并实现即时分享。微博的关注机制分为可单向、可双向两种。

2. 综合性教学资源及其应用

（1）学习资源中心。学习资源中心并不单指某些教学媒体和设备，它是各种教学媒体和学习资料的集合，是为了存放和使用各种硬件和软件等学习资源而建立的教学场所，是一种全新的教学支持系统。在以图书等印刷材料为主导的时代，图书馆就是传统学校中信息存储、使用和交流的资源中心。随着现代教育技术的蓬勃发展，各类视听媒体、计算机媒体和网络技术等在学校教育中普及应用，学习资源中心将汇集各个领域主要的网上学习资源，以节省用户的时间，帮助用户迅速找到自己需要的资源。

学习资源中心的主要功能是对各类教学媒体和学习资源进行储存、管理、利用、开发和交流等，其中，有效利用是资源中心的目标，储存和管理是促进利用的基础，交流和开发是为了更好地丰富各类资源。学习资源中心的信息资源主要来自市场采购、网络传播、自行开发、合作交流等方面，它通常采用集中式或开放式两种管理形式。集中式管理是将资源中心按照功能划分为库存区、服务区和利用区等，它将大部分图书资料、媒体设备及软件资源等统一集中于库存区管理，学习者使用某种资源时可以在相应的服务区办理管理手续，然后就可以检索所需的信息资源或是在相应的利用区终端设备上进行学习。开放式管理是指学习者可以自由选择各种图书资料、硬件媒体和软件资源等在资源中心内使用，需要时也可以通过办理管理手续进行外借使用，这种方式虽然增加了资源管理的难度，但却方便学习者使用，有利于提高学习资源的利用效率和效益。

（2）电子阅览室。电子阅览室是指通过多媒体计算机、通信技术、网络技术等为学习者提供综合利用各类电子学习资源的教学场所，它既可以单独建设，也可以与图书馆结合在一起，成为信息化学习资源中心的构成部分。电子阅览室的信息数据库通常采用多媒体技术进行构建，可以将图、文、声、像等各种信息符号融为一体，从而使它具备综合视听和"人机"交互功能。电子阅览室是集各类电子信息资源的检索、阅览和使用等服务功能于一体的现代化综合型教学资源，在通信和信息技术的支持下，它也可以扩展成为远程教学和信息检索的网络化学习环境。电子阅览室的信息服务内容通常包括公共阅览、电子化学习、信息查询、数据下载、通信交流和远程教学等。

根据电子阅览室媒体装备的技术层次不同,它一般可以分为单机环境、无盘站环境和网络环境等类型。使用单机型和无盘工作站方式的电子阅览室,用户无法共享互联网网络信息或网络版的电子读物。如果在图书馆和校园网络的基础上,将几台或几十台多媒体计算机连接起来,那么就可以构成网络环境下功能比较齐备的电子阅览室。用户在其中既可以共享图书馆和光盘塔的文献数据,又可以通过互联网网络进行浏览访问或信息交流,同时还可以阅读使用单机版本的电子读物等。

第二节　信息化教学资源整合策略

随着信息技术教学的深入开展,我国教学水平得到了大幅度的提升,如何充分利用数字信息教学资源,对于学校教学而言,具有十分重要的意义。对此,需要教师和管理者进一步创新思维,开拓创新模式,实现校园信息化教学资源的有效整合。下面以高校为例,阐述信息化教学资源整合策略。

一、信息化教学资源整合的意义

在现代教育体系中,如何提升数字化教学资源的利用效率,帮助学生深入高等教育体系,提升知识理解能力,是高校教师应当重点关注的问题。整合高校信息化教学资源,可以帮助学生系统把握知识,提升知识的理解能力。由于高校教学具有一定的复杂性和抽象性,信息化教学资源较为分散,但是通过构建教学资源库等整合方式,可以培养学生的系统性思维,强化提升学生的总体学习能力。从本质上而言,信息化教学更是一种教学方法,是一种有效的教学模式,经过现代课程改革的验证,整合信息化教学资源对于提升高校教学效果具有积极的意义。"通过整合教学资源,可以帮助教师和学生系统梳理知识,同时通过多媒体教学,也可以让知识更直观化,进而提升学生学习兴趣,引导学生参与到教学中来,切实提升高校教学效果"[①]。基于此,要想实现高校信息化教学资源的有效整合,就要通过建构教学资源库的方式,

---

① 马帅,赵鸿雁,赵巍,宋超群.高校信息化教学资源的整合策略[J].科技风,2017(22):61.

从教师和学生两方面入手，共同完成教学任务，提升教学综合水平。

二、信息化教学资源整合的思路

信息化教学资源整合工作的核心在于高效利用性。高校作为一个教学整体组织，有着高效发展要求，在教学实践中，如何通过整合教学资源提升教学运转的高速性与稳定性，是开展好教育工作的关键。在教学资源整合实践中，由于工作理念与工作模式落后，与当前教育要求存在不匹配的地方，因此需要进一步创新教学模式与教学理念，通过优化工作体系，提升信息化教学资源整合效率，以满足高等教育的快节奏发展需求，提升学校发展动能。

开展信息化教学资源整合工作，最为重要的就是要服务教学整体，将教学工作作为核心与抓手，提升信息化教学资源整合工作的规范性和有效性。在教育实践中，所有工作都要以推动教育发展为导向，着力解决存在的现实问题，规范教学秩序，保障教学效率，满足高校教学的多元化要求，提升高校教育的总体质量和水平。

三、信息化教学资源整合的路径

（一）树立新型教学资源的认知理念

随着现代信息技术的发展，传统高校教学模式不断革新，现代教学设备开始融入教学体系中，实现了智能化教学目标，也生成了大量的数字化教学资源。在高校教学改革的背景下，要想实现信息化教学资源整合目标，要求教师在开展实践教学的过程中，摒弃传统的"书本式"教学资源观念，创新教学资源认知理念，转变教学方式，树立信息化的教学资源观念，充分利用信息技术，提升教学的多元性和丰富性，为学生提供更优质的教学资料。此外高校教学也有其特殊性，特别是具有多元化特征，在教学过程中也要加以重视，通过不断优化和改进教学资源认知观念，开展多元化教学，有效整合教学资源，从而实现教育目标。

（二）提升信息技术的教学比重

实现信息化教学资源整合目标，关键在于应用，要创新开展信息技术教学。信息技术教学包括多种形式，其核心在于利用现代信息技术，提升教学的丰富性和层次性，以实现多元化教学目标。通过利用信息技术教学，可以极大提升课堂教学的直观化程度,将抽象复杂的知识转化为现实的图景,同时也可以积累大量教学资料,从而为后续教学夯实基础。

(三)提高信息化教学资源的利用效率

高校教学工作拥有众多分支,工作相对较为繁杂,必须构建高效率的信息化教学模式与体系,以满足现代教学发展需求。在实践中,提升信息化教学资源整合效率,既要从制度构建入手,也要从教学微观入手,采取多措并举的方式,不断创新信息化教学思维,鼓励教师和学生积极利用信息化资源开展教育学习,着力提升教学效率,以满足现代高校的信息化教学需求。高校教师要将信息化教学资源利用效率作为推动教学发展的第一要务,不断适应新的高校教学需求,提升高校综合教育水平。

综上所述,在现代高校工作体系中,信息化教学资源整合工作具有至关重要的意义。通过优化教学资源体系,提升教学效能,可以满足当代高校教育工作的需求,实现工作的创新与提升。在信息化教学资源整合工作的实践中,要想实现高效工作目标,既要从体制机制入手,构建现代教育格局,也要从教师和学生的角度出发,满足越来越复杂的工作要求。下一步,需要高校管理人员和教师不断地创新思维、转变方式,以适应经济社会的发展格局,契合现实高校教育需求,提升信息化教学资源整合工作的总体效能。

第三节 信息化教学资源库的建设

我国最初的教学资源库是将多媒体课件中包含的内容进行简单的资源组合,由于未按严格的标准对资源库中的资源进行筛选和控制,因此使得资源库中的资源质量低,未能达到预期的使用效果。近年来,我国将计算机智能、数据挖掘等信息技术手段融入资源库的开发中,创建出具有知识管理功能的教学资源库。目前,教学资源库开发的重点从最初的内容开发转移到了资源平台开发,以资源管理平台和资源应用平台两方面内容为主。在技术标准上也开始逐步与国家资源建设标准接轨,采用与国家资源技术标准统一的数据结构,同时也使用一些先进的开发技术,增强了新产品的兼容性和先进性。

信息化教学资源库的建设有四个层次的含义:第一层是素材类教学资源建设,主要包括媒体素材、试题、试卷、文献资料、课件与网络课件、案例、常见问题解答和资源目录索引等;第二层是网络课程建设;第三层是资源建设的评价；第四层是教育资源管理系统的开发。在这四个层次中，网络课程和素材类教学资源建设是基础和核心，第三层是对教学资源的评价和筛选，第四层是工具的建设。

一、信息化教学资源库建设的意义

信息化教学资源库建设是一项功在当代、利在千秋的好事。正确认识信息化教学资源库建设的意义将有助于信息化教学资源库的开发建设。信息化教学资源库建设的意义体现在以下方面：

第一，信息化教学资源库建设是教育信息化的重要组成部分。教育信息化是指"在教育过程中，较全面地应用以计算机多媒体和网络通信为基础的现代化信息技术，促进教育的全面改革，使之适应正在到来的信息化社会对教育发展的新要求"[①]。教育信息化建设是一个关系到整个教育改革和教育现代化的系统工程，它包括信息化的基础设施及硬件环境建设，教育、教学资源库建设，信息化人才培养和培训以及信息化政策、法规和标准制定。其中，教学资源库建设是教育信息化的基础，教学资源库的建设质量在很大程度上决定了信息技术与各学科教学相整合的水平，即教育信息化的水平。

第二，信息化教学资源库建设促进了教育观念的更新。信息化教学资源库建设能为学生提供网状的信息环境和丰富生动的多媒体世界，打破了学生传统思维的线性逻辑，促进了非线性思维观的形成。信息化教学资源的网络化为学生提供了多样化学习和跨学科、跨文化的交流，促进了学生开放式学习观的形成。丰富的教学资源使学生接受知识的范围拓宽，改变了人们接受教育的形式，促进了自我教育观的形成。信息化教学资源网络可以成为人们终身学习的课堂，使传统教育面临严峻的挑战，促进了终身教育观。

第三，信息化教学资源库建设促进了教学模式的重塑。教学模式是指在一定的教育思想和理论的指导下，在某种环境中开展的教学活动进程的稳定结构形式。信息化教学资源库的发展使适用于网络环境的教学模式不断应用于教与学，如网络化协作学习模式、探索式学习模式等；而且应用信息化教学资源重新设计教学过程，为真正实现"教为主导，学为主体"的教学过程创造了客观条件。

---

① 聂凯．移动网络课堂与信息化教学资源的传播分析 [M]．成都：四川大学出版社，2018：56．

二、信息化教学资源库建设的原则

教学资源库建设必须符合基础教育改革与发展的总体规划，必须服务于素质教育的整体目标，必须全面支持信息技术与课程整合。为实现这样的目标，教学资源库的建设必须至少要对资源库建设的目的性、科学性、先进性和知识服务的完备性等进行深入考虑。

（一）经济性原则

教学资源库的建设是一项非常耗时耗力的工作，需要投入大量的人力、物力和财力，它既有前期的整理、开发等工作，还有后期的维护、更新和管理等工作。教学资源库在开发时就要经过精心的需求调查、设计，优化开发设计人员结构、资源组织管理结构等，尽量以最少的投入开发出高质量、高性能的教学资源。

（二）教学性原则

教学资源库的建设是为教师的教与学习者的学服务的，因此资源库建设首先应考虑的就是其目的性问题，即资源库建设的教学性问题。

教学资源库建设的根本目标是推进教育改革，使教育符合现代社会发展的需求，提高教育教学质量。为此，在建设资源库时，要根据教学设计对各种资源进行选择、处理，强调"质"，使资源有用、适用，还要精简。同时，必须支持创造性教学和探究性学习，建构生动科学、多向互动的教与学环境，把教师从繁重的重复性劳动中解放出来，充分激发教师和学生两个主体的创造性。

（三）科学性原则

资源库建设必须具有科学性。无论是引导学生学习自然科学还是引导其学习人文科学，或者引导其掌握如何学习的科学性，培养其自主探究和创新的能力，都离不开"科学"两个字。教学资源库的建设，要在允许误差的范围内准确地表述知识的内容，这是教学资源与一般娱乐性、游戏性资源的重要区别。

资源库建设应能正确反映科学知识原理和现代科学技术，并做到生动活泼、喜闻乐见的形式与科学、健康内容的统一。

（四）先进性原则

先进性原则主要是教育理念上的先进性。因为除了知识的科学性之外，教学逻辑模型是否符合教学规律、是否符合学生的认识规律，也有科学性的问题。当前的一些资源库还在重复以往教学中存在的落后理念，例如，不能体现教师为主导、学生为主体的双主模式，不能培养学生自己通过观察来获得信息和通过自己思考来加工信息、建立概念和发现规律的能力。

此外，优秀的资源库可以发挥计算机的信息处理与图像输出功能，以生动的动态形象信息来揭示复杂的过程，这就在感觉与思维之间架起了桥梁，激发了学生的学习兴趣，提高了学生学习的主动性、积极性。只有用科学动态模拟技术和智能化技术，才能使资源库保证满足科学性和教育理念的先进性，也才能保证资源库的标准化。

（五）知识服务完备性原则

资源库建设要提供全面的知识服务。优秀的资源库不但要向教师提供离散的信息，提供一般的"信息服务"，而且还要向教师和学生提供更高层次的"信息服务"，也就是"知识服务"。资源库不仅仅能给教师提供"收集"到的信息，或者将收集到的信息进行简单的"组合"，而且应该是根据学科教育目标，按照教学设计、教育改革需求对信息进行"整合"。

三、信息化教学资源库建设的注意事项

为了确保信息化教学资源库的顺利建成并保障其应用，在资源建设的过程中应注意以下问题：

（一）明确指导思想

信息化教学资源库是本着为教学服务的思想开发建设的，而教学中对教学资源的使用效果主要体现在学生身上，这就要求我们在建设教学资源库时以认知学习理论为指导，特别是建构主义理论。建构主义理论认为，学习是在教师的指导下，在特定的情境中通过学习者与教师、其他学习者之间的主动协作交流进行知识意义的构建过程，它既强调学生的学习主体作用，又重视教师的指导主体作用。以建构主义理论为指导思想，既可以在教学中体现师生的双主体双边活动，有利于学习者学习效果的提高，同时又有利于学习者课后进行自学或协作式学习。

（二）完善开发理念

在建设信息化教学资源库时，倡导"利用现有、校本研发、企业合作、个人参与"的开发理念。教学资源库的建设是一个动态的不断完善的过程，不可能一蹴而就。因此，建议各级各类学校在进行教学资源库建设时注重以下四个方面：

第一，积极利用已有的教学资源。随着教育技术的发展，目前已有大批丰富的音频、视频、图像等教学资源，我们要充分利用这些已有的资源，来开发新的教学资源。

第二，联合企业进行研发。随着知识经济时代的来临，许多高科技企业已经加入信息化资源库的开发和建设之中。他们拥有雄厚的资金，同时还拥有大量的高水平科技人才，借助他们的优势，可以开发出高质量、高水平的信息化教学资源，从而满足日益增长的信息社会的学习需求。

第三，积极进行校本资源研发。对于校本资源来说，可以通过组织专门的开发团队进行研发，也可以采取申报国家、省市教育部门资助的课题来进行有组织有系统的开发，要充分发挥各自的领域优势，进行科学、合理的开发和建设。

第四，鼓励教师按知识点开发。信息化教育的一个显著特点就是，最大限度地调动每一位学习者的潜能。由于学习者认知能力的差别，再好的课件也难以满足每一位学习者的需求，因此有条件的学校应鼓励广大教师利用信息化工具，按学习者的知识点开发教学资源，以使得每一位学习者都能成为学习的成功者。

（三）规范资源管理

使用一些通用的标准对教学资源进行规范管理。教学资源库的建设应在合理的规划下进行，并遵循一定的建设规范。各级各类学校在建设本校教学资源库时，可以遵照国家制定的教学资源库规范进行开发建设，也可以在此基础上制定符合本校的教学资源库规范，以突显自己本校的特色、突显资源的易用性、彰显资源的合理性。

（四）突显教学特性

信息化教学资源库的建设是为教学服务的，因此要突显教学性。

第一，注重人的主体性。要想将教学资源合理应用于课堂，就要充分体现尊重人、以人为主体的教育思想，就要充分发挥师生的主体作用、主人翁意识，切实将教学设计和学习理论运用于教学实际，真正做到以不变（教学资源）应万变（教学实际），让计算机成为课堂教学的有力工具，成为教师和学生个性与创造性充分发挥的技术保障。

第二，注重资源的通用性和灵活性。教学资源与教材版本无关，它是以知识点为分类线索的，这样无论教材课程体系如何变化，教材版本如何变化，教学资源都可被师生应用于当前的教学活动中。

第三，注重资源的基元性与可积性。教学资源素材越基本，其附加的边界约束条件越少，其重组的可能性就越大。例如，一段下雨的素材（图片、动画、电视），教师可用来讲散文、古诗或作文意境，生物教师可用来讲生态，地理教师可插入气候的课程演示中，物理教师可讲水的状态变化和落体运动。如果让学生来发表意见，则可以提出更多的创意。

第四，注重资源的开放性和自繁殖性。教学资源是以基元方式入库供教师重组使用的，因而在任何时候、任何地方，任何教师（学生）都可以将最新的信息和自己的作品添加入库，只要确立了教学资源的信息标准和入库规范，教学资源在教学活动中就自然具有开放性和自繁殖性。随着计算机技术的发展和全体师生的参与，教学资源的迅速发展将不可思议。

第五，注重资源的实用性和易用性。教学素材和解决重点、难点问题的微课件库与教学思想基本无关，每个教师都可以使用。一般教师只需掌握简单的组合平台软件，就能够将教学资源以插件的形式很方便地插入到课件当中。未来的组合平台软件会让教师在使用课件时像搭积木那样方便。

（五）注重知识产权保护

知识产权，指权利人对其所创作的智力劳动成果所享有的占有、使用、处分和收益的权利。各种智力创造如发明、文学和艺术作品，以及在商业中使用的标志、名称、图像和外观设计，都可被认为是某一个人或组织所拥有的知识产权。在教学资源库建设中所涉及的各种图像、声音、视频等资源都应有相应的版权保护。开发者要提高自己的知识产权保护意识，注重在资源的开发和使用过程中保护自己的正当权益，保证所开发的资源得到合理正当的使用。

第五章　信息化背景下的教育教学模式

　　由于传统教学模式的制约，高校教育教学模式比较单一，因此如何利用教育信息化技术推动教育教学模式创新，成为教育工作者必须思考的问题。本章立足于教育信息化视角，重点探讨信息化背景下的微课教学模式、信息化背景下的慕课教学模式、信息化背景下的翻转课堂教学模式和线上线下融合的教学模式。

第一节　信息化背景下的微课教学模式

一、微课教学模式的认知

　　随着信息化时代的到来，网络通信技术发展日新月异，各种微平台也在不断发展。以短小精悍的教学视频为呈现形式的微课，正在影响着我国教育教学改革的发展趋势，成为日渐成熟的新型教育教学资源。微课是信息技术迅速发展的产物，微课的发展在很大程度上也促进了信息技术的发展。微课是一种教学载体，它利用短视频的形式来阐述某一问题或观点，旨在帮助教师和学生学习知识、巩固知识。

（一）微课教学的原则

　　微课教学的原则，如图 5-1 所示。

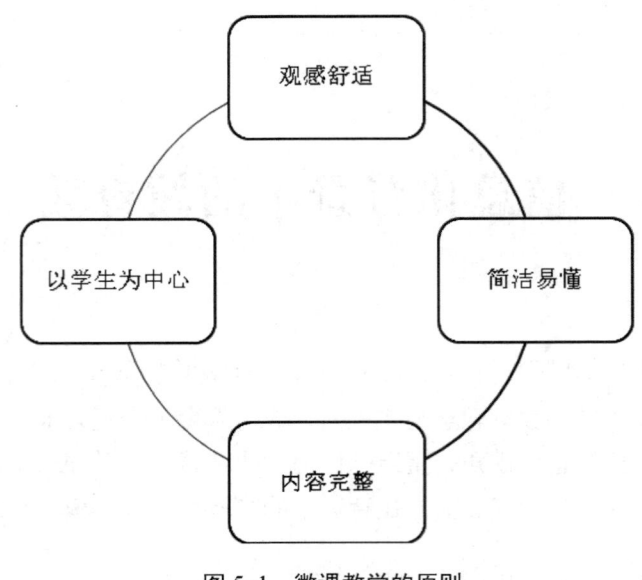

图 5-1　微课教学的原则

1. 观感舒适

一个设计优秀的微课主要取胜于三个方面，即简洁的文字、精美的画面及和谐的音乐，从而使受众观感舒适。第一，文字简洁，微课的播放要具备适当的字幕提醒，不同时段的讲述重点要通过最简短、准确的文字呈现给受众，但是文字简洁要以内容传递的准确性和前后关联的逻辑性为前提；第二，画面精美，教师在微课制作前应对所教授的内容从宏观到微观都能做到主次分明、心中有数，只有这样，教师才能通过课件将其中内容的层次以独特的画面语言告诉学生；第三，音乐和谐。不是所有的微课都需要添加动听的音乐，但是为了获得完美的教学效果，教师可以适当地添加能够起到舒缓学生情绪、维持学生注意力作用的乐曲。需要注意的是，不论文字、画面还是音乐，对于微课教学而言，这些都不是制作者最应该投放精力的地方，微课的关键还是在于内容的选取和讲授，切忌出现舍本求末的情况。

2. 简洁易懂

微课，重在一个"微"字，一般而言，微课教学的视频时长为 5~10 分钟，教师要想在如此短的时间内呈现出最精致的教学内容，就要求教师在微课的制作过程中力求既"精"又"简"。由于微课的内容是针对某一个重要知识点而展开的具体介绍，因而教师应该紧紧围绕核心内容进行剖析，最好能做到开门见山、直入主题。对于教师而言，能用一句话概括的内容绝不进行连篇累牍的详述，能用最通俗易懂的案例绝不进行牵强附会的拓展。教师要利用精辟简洁的文字激发学生开放发散的思考，真正帮助学生实现自主性学习。

3. 内容完整

微课，虽然"形"微，但其"神"不微。微课的授课时间虽然短，但时间的压缩并不意味着质量的降低，每一个微课的内容都是经由制作者严格筛选而来的最具有价值的知识点，短短5分钟的视频所囊括的内容不仅主题清晰、结构完整，并且要点突出、结论明晰，其所列举的案例往往也都跟学生的日常生活紧密相关，便于学生的理解。学生虽然只是通过屏幕进行学习，但是也能够真正收到和课堂教学一样的学习效果。

4. 以学生为中心

微课教学不同于传统的教学，它具有主题明确、共享交流、多元真实等特点，这些特点是传统教学所不具备的。将微课应用于教学中，可以改变传统的教学模式，可以打破时空的限制。通过对微课教学的深入研究发现，微课教学是面向全体学生的，注重的是全体学生的发展，微课教学效果的好坏主要取决于学生的发展和学习体验。因此，微课教学服务于学生，并通过这种服务来丰富学生的学习体验，所以教师在微课教学中还需要坚持以学生为中心的原则。

教师在微课制作过程中，也应该坚持以学生为中心的原则。无论是教学内容和课程资源的选择，还是教学方法和教学策略的实施，都要以学生为本。同时，教师还应该结合学生的实际学习情况进行微课教学设计，从而使微课视频内容能够满足学生学习的需求。除此之外，教师对学习资源的组织也要结合学生的实际水平和学习特点，突出学生的主体地位，坚持以学生为中心的原则，这样有利于资源的组织，符合学生学习的特点，有利于提高学生学习的热情，使学生保持学习兴趣，不断地学习和探索。

（二）微课教学的特征

微课教学的特征，如图5-2所示。

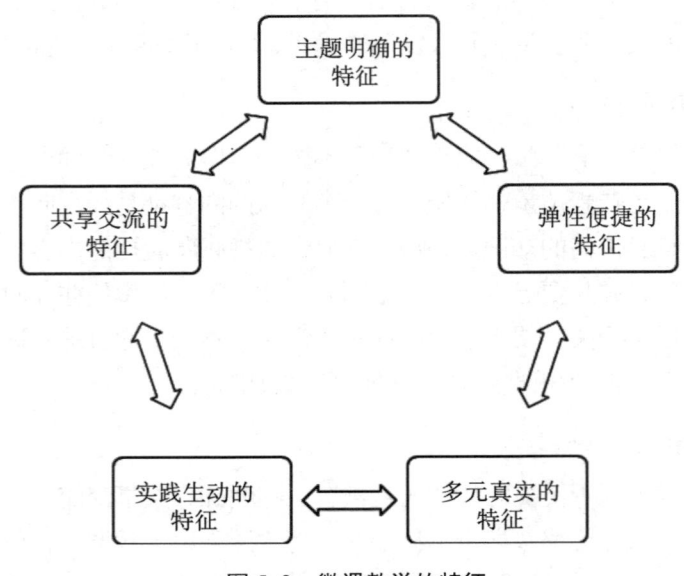

图 5-2　微课教学的特征

1. 主题明确的特征

传统教学模式存在着很多问题，比较常见的有：教学重点内容和难点内容不分明、不清晰，不利于学生把握教学的重点和难点；教学目标不明确，不利于学生了解教学方向；知识点涉及范围广，内容复杂，不利于学生提高学习的效率。而微课的出现，可以解决传统教学中存在的这些问题。

教师在微课制作的过程中，要将教学中的难点知识和重点知识融入微课中。由此可见，微课教学在主题上以明确为主，在内容上以简洁为主，这是传统教学无法比拟的优势。总而言之，主题明确是微课的主要特点之一。在微课制作中，教师只有明确了主题，才能从中选取一些重点知识、难点知识，才能保证主题内容的典型性和代表性。而且，主题明确的微课教学能够激发学生学习的兴趣，有利于集中学生的注意力，同时也有利于学生快速地理解主题内容。

2. 弹性便捷的特征

传统课堂教学的时间是固定的，不具有灵活性和弹性。而微课教学却不同，它通常制作的视频时间比较短，即使一些长视频，其时间也不会超过10分钟，这种视频时间的安排更能够集中学生的注意力，与学生的认知特点也十分契合。在制作微课时，教师涉及的微课资源容量较小，很多资源容量都在百兆以内。这种小容量的资源在存储过程中更加便捷。正因如此，微课教学和微课学习才成为可能。总而言之，学生在学习微课视频的过程中，不仅不会花费太多时间，还会更加集中精力进行学习，真正提高了学生学习的效率。同时，学生可随时随地进行学习，弹性地安排自己的学习时间，为学生的学习提供了很大的方便。

3. 多元真实的特征

多元真实的特征主要可以从多元和真实两个方面入手进行分析：

（1）微课的多元，主要强调的是微课资源的丰富性和多样性。比较常见的微课资源主要有微课视频、微课件、微练习等，这些能够为学生学习提供丰富的资源。由此可见，资源的多样性是传统教学模式无法比拟的，微课多样化的教学资源也能够促进教师的发展。

（2）微课的真实，主要强调的是教学情境的真实性。微课教学注重真实情境的创设。教师在制作微课的过程中，会将教学内容融入具体的真实情境中，从而形成微视频。同时，还需要指出的是，教师在创设真实情境时应该多贴近学生的现实生活，只有这样，才能促进教学目标的实现。

4. 实践生动的特征

由于微课开发的主体是广大一线教师，加之微课开发的本身就是以学校的教学资源、教师的教学与学生的学习为基础的，因此，越来越多的学校通过微课这种新的学习方式进行探索研究，挖掘本校的微课建设，这本身就具有很强的实践性。在实践的过程中，教师需要注意微课的表达方式，生动活泼不仅体现在微课画面设计、微课音乐设计、微课主体设计等方面，还体现在互动方式、设计步骤等方面。总而言之，实践生动是微课的主要特点之一，也是微课广泛应用于教育教学中的主要原因。

5. 共享交流的特征

微课的共享性主要强调的是微课资源的共享。微课是信息技术与教学内容的有机结合，具有资源丰富、方便快捷、互动性强等特点。微课不受时间和空间的限制，学生可以充分利用自己碎片化的时间进行学习，微课实现了资源的共享。

此外，学生可以在微课平台上进行互动和交流。教师也可以充分利用微课平台的优势，将一些短视频、微课件、微练习等上传到网络平台上，学生可以在平台上与教师、同学一起学习、互动和交流。教师可以学习其他教师的微视频，从而吸收他人的教学经验，弥补自己教学的不足。教师也可以在平台上与其他专家型教学进行交流和互动，在教学反思和教学互动中不断提升自己的教学能力，最终促进自身专业发展。由此可见，微课的共享交流不仅有利于学生与教师、教师与教师、学生与学生之间的交流互动，还有利于形成平等、和谐的师生关系。更为重要的是，这种共享交流能够提高学生的学习效率，促进教师的专业成长。

（三）微课教学的作用

1. 打破传统课堂约束

（1）从学生角度而言。首先，提高了学生学习的效率。无论是哪种形式的教学，教师在一节课中讲授的精华内容通常都是这节课的重点知识、难点知识和关键知识，这些精华的讲解部分也是这一节课的高潮部分，学生应该把握住这一部分的学习。学生对某一知识点视觉驻留的时间一般是20分钟，这就要求学生快速捕捉一节课的高潮部分，并集中精力听讲和学习。

如果将教学的重点和难点内容制作成短视频形式，那么就可以集中学生的注意力，提高学生的学习效率。教师可以对教学重点知识、难点知识、考点知识等进行提炼和压缩，并将其制作成微视频的形式，供学生观看和学习，这种微视频包含了教学的重要知识点，有利于学生随时随地观看学习，这在很大程度上提高了学生的学习效率。

其次，有利于学生的自主学习和有选择性地学习。随着信息技术和网络技术的发展，教学的灵活性、自由性、不固定性更加凸显。学生也不需要像传统课堂教学那样，在固定的教室进行学习。学生可以根据自己的学习情况及需要，有针对性地在网络平台上学习。而且，有一些知识也不需要系统学习，针对某一个小的知识点或问题，学生可以从网上或目录中快速捕捉到解决方法。由此可见，这种学习方式具有很强的针对性。学生可以针对某一问题在网络平台上自主查找、自主学习、自主选择，改变了传统教学中学生被动接受知识的局面。

（2）从教师角度而言。微课是对传统教学模式的改革和创新，这种新型的方式，不受时间和空间的限制，学生可以随时随地进行学习，有利于学生的自主学习，确立了学生的主体地位。在微课背景下，教师可以充分利用丰富的微课资源进行教学设计,并在微课平台上与其他有经验的同行进行交流学习。尽管微课改变了以教师为中心的教学模式,但这并不意味着教师就不重要了,反之,教师在教学中仍发挥着重要的指导作用。教师还应该对学生在微课平台上的学习情况进行监督,必要时,教师也应该参与进去,与学生共同学习、交流和互动。此外,教师还应该及时发现学生的问题,并及时进行纠正和指导。总而言之,微课教学对教师而言,是一种挑战。教师应该不断学习、不断充实自己,只有这样才能更好地迎接微课带来的挑战。

2. 促进教师专业成长

微课作为信息化教学的重要组成部分,在学生学习、教师发展、教学改革、实践创新等方面起着不可替代的作用,这里主要结合教师的专业发展来讨论微课的价值。

(1)有利于提高教师的教学素质和专业素养。微课在具体应用时主要体现为两种不同的形式,具体包含以下方面:

一是具体而微的形式。纵观微课的整个教学设计,它囊括了整个教学过程以及教学中的重点、难点和关键点,同时涉及完整的教学环节。微课中包括新课导入、知识点剖析、内容讲解、教学评价、教学反思、习题设计等,这些完整的教学环节有利于学生全面学习知识。然而,微课中很少包括学生参与、师生互动,它主要是体现教学中的重难点、体现教师的设计思维和理念,注重教学策略的融入。微课这种展现教师教学理念、教学设计的形式与说课有着相同之处。但与说课也存在着很多不同之处。从内容上而言,微课的内容更加具体;从教师方面而言,微课注重反映教师的理念。

二是微小的片段。一个完整的教学过程是由很多教学环节组成的,为了突出某一个环节,设计者可以将某一环节录制成一个教学片段,这个教学片段包含的内容有很多。如教师如何处理教学难点、如何突出教学重点、如何凸显教学技巧等。在片段的录制过程中,要遵循真实性的原则。

总而言之,在微课制作过程中,教师需要将教学的重点知识、难点知识、关键知识等融到微视频中,而且这个微视频通常是不超过10分钟的。同时,教师还要在微视频中突出教学目标。这对于教师的教学素质和专业素养有着很高的要求。因此,微课在很大程度上促进了教师教学素质和专业素养的提高。

(2)有利于提升教师的信息处理能力和水平。在微课设计与制作过程中,教师可以采用多种方式，最常用的方式有加工改造式和原创开发式。

加工改造式的对象是传统课堂，呈现方式是多媒体。换言之，就是对学校中已经存在的教学视频、教学课件等进行加工、整理、编辑等，然后融入一些其他的资源，进行提炼、压缩等处理，使之形成短视频。这就是微课的加工改造式过程。

原创开发式强调的是微课制作和设计的原创性，这种方式不仅有利于微课的原始制作，还有利于微课资源的开发。利用原创开发式制作微课视频，需要多种技术手段的支持。因此，教师应该在具体制作过程中，根据实际需要科学选择技术手段，从而保证微课的质量和效果。

微课是一个教学载体，它承载着教学过程、教学目标、教学环节、教学内容等。因此，教师在制作微课时，不仅要考虑视频，还要考虑网络技术、学生因素等。只有综合各种因素，才能制作出优秀的微课，也才能为学生提供高质量的学习资源。在微课制作过程中，不仅需要技术手段，还需要保证软件的新颖性。只有具备较高信息处理能力的教师才能满足微课的技术和软件要求。可见，微课的制作在很大程度上能够促进教师信息处理能力的提高。

3. 指明教学资源建设新方向

传统教学也十分注重教学资源建设，但传统教学在建设教学资源时更倾向于以课时为模块，这种教学资源的开发形式需要很长的时间，且涉及范围过于广泛。随着教学资源的发展，传统教学信息资源受到教育者的广泛关注，传统教学信息资源虽然比传统的教学资源有所改进，但仍然还存在着很多的问题。例如，教育者根据新课程标准，结合时代发展和学术潮流进行传统教学信息资源建设，过度强调这种"大"环境对教学资源的影响，忽略了教学资源的具体应用，最终导致教学资源只符合新课程标准，不适应具体的教学情境。

教育教学资源建设旨在促进教育教学的发展。如果教育教学资源建设与教学应用相脱离，那么教育教学资源建设就毫无意义。只有将教育教学资源建设融到教育教学中，才能在一定程度上满足教育教学的需要。同时，教育教学资源也只有在教学应用中才能生成新的教育教学资源，从而促进教学目标的实现。微课具有很强的针对性，它主要针对教学中某个知识点或某个环节，它的产生与教学中存在的问题密切相关。要想更好地使用微课，就应该注重微课的制作。微课制作包括很多方面的内容，如视频片段、教学目标、教学过程、教学反思、教学评价等。微课为学生提供的是一个"微"环境。这种"微"环境打破了传统教学的限制，为学生提供了随时随地学习的环境，这种"微"环境丰富了传统的教育教学资源，在很大程度上提高了教学效率。

二、信息化背景下微课教学的条件

（一）先进的教学理念

随着信息技术和网络技术的发展，信息技术和网络技术影响着社会的各个领域，尤其是对教育领域的影响更是前所未有的。随着网络信息技术在教育领域中的广泛应用，信息化教学应运而生。信息化教学是网络信息技术发展的产物，也是现代教育技术发展的必然。信息化教学的发展对教育改革和创新具有十分重要的意义。因此，信息化教学受到国家教育部门的广泛关注。

微课是信息化教学发展的结果，它作为一种新的教育教学理念，在教育教学中起着不可替代的作用。随着网络信息技术的迅速发展，世界各国之间的交流与互动日益频繁。世界各地的人们打破了时间和空间的限制，可以随时随地进行交流和互动。网络信息技术在教育领域中的广泛渗透，改变了传统的教学模式，教师教学和学生学习都可以不受时间和空间的限制，学生与教师之间的交流与互动可以在线下进行，也可以通过网络信息技术在线上进行。同时，在网络信息技术的影响下，教育教学模式不断改革和创新，一些新的教学模式也逐渐应用于教育教学中，如翻转课堂、慕课、远程教学等。这些都为教师的教和学生的学提供了新的方式。

信息化教学使教师和学生的角色发生了很大的变化。教师不再是权威者，而是传授者、引导者、组织者、协调者、评价者、设计者、指导者；学生不再被动地接受知识，而成为教学的主体和自主学习的主体。传统的教学模式已经不能适应信息化教学的发展，也不能满足当前学生的学习需要，因此移动化、碎片化的学习模式应运而生，这种学习模式在很大程度上促进了学生的学习。移动化强调的是打破时间和空间的限制，可以任意时间、任意地点进行学习；碎片化主要强调的是容量比较小，学习起来比较方便，这种学习方式是信息化教学发展的产物，有利于满足学生的学习需要，有利于适应当今时代的发展，有利于提高学生的自主学习能力和创新能力，有利于学生根据自己的学习情况自主建构知识。

微课具有短小精悍、目标单一、主题明确的特点。这些特点与当前提倡的移动化、碎片化学习的要求不谋而合。微课不仅容量小，所占的内存也比较少，而且能够以多种设备为载体，有利于学生随时下载、随时存储、随时学习。微课中的微视频还有暂停功能、快进功能、快退功能、回放功能。这些功能的存在为学生学习微视频带来了很大的方便。学生可以利用微视频的这些功能，反复观看微视频，将一些重点、难点、疑问等记录下来，与其他同学进行交流和讨论。同时，微课的载体设备类型众多，学生可以根据自己的情况选择合适的移动载体设备。

总而言之，信息化教学是信息化时代的一种必然趋势，它有利于教育教学模式的改革，有利于教育教学理念的创新，从而使教育教学模式和教育教学理念紧跟信息化教学的步伐，适应信息化时代的发展。微课是网络信息技术发展的产物，它需要先进的教育教学理念，只有这样，才能引领教育教学的发展。

（二）学生具备自学能力

微课要想在教学中顺利实施，还需要学生具有较高的自学能力。实践证明，我国绝大多数学生都具有较高的自学能力，这为微课在教学中的顺利开展奠定了基础。微课应用于教学，有利于激发学生学习的兴趣，有利于调动学生学习的积极性和主动性，有利于提高学生的创造能力和创新能力，更有利于提高学生的自主学习能力，它是教学改革的必然结果。我国绝大多数学生都具有较高的自学能力，学生可以根据自身的学习情况和学习需要，通过微课来自主学习，获取知识。由此可见，学生的自学能够在很大程度上促进了微课教学的发展，而微课教学的发展与应用也能够在很大程度上提高学生的自学能力，两者之间是相互作用、相辅相成的。

（三）信息化时代的发展

如今是信息化时代，信息技术已经广泛应用于各个领域。在此背景下，无线移动网络的覆盖率也在不断增加。无线移动网络能够为学生的学习提供便利。近年来，随着移动手机的不断更新和换代，学生利用移动手机进行学习成为一种必然。在信息技术、大数据、网络平台、云计算、应用软件、5G等应用技术的推动下，移动终端实现了快速联网，同时它在教学中的应用也越来越普遍，这些都为微课在教学中的应用和发展奠定了基础。

在当今时代，现代教育已经意识到信息化教学和人才培养模式的重要性，并利用信息化教学促进人才培养模式的改革，从而为社会输送高质量的人才。要想实现信息化教学，就应该重视信息技术与课程整合。信息技术与教学的有效融合，有利于提高学生的学习效率，有利于提高教学效果，更有利于实现教学目标。微课是信息化教学发展的必然趋势，将微课应用于教学中，必能促进学校教学的发展。微视频是微课教学的重要载体，微课教学的实施和发展离不开现代信息技术的发展。因此，学校必须为微课教学提供必备的现代信息技术支持，现在学校网络教学设备日益完整，网络信息化体系也日益健全，这些都为微课教学的顺利实施和开展奠定了基础。在教学中，教师可以鼓励和引导学生通过移动设备来观看微课视频，这样有利于促进微课教学的实施。

（四）现代信息技术的发展

信息技术已经广泛应用于各个领域，在此背景下，无线移动网络的覆盖率也在不断增加。无线移动网络能够为学习者的学习提供便利。随着信息技术的发展，信息技术对教育教学也产生了前所未有的影响。我国很多高校也意识到信息技术在教学中的重要性，并将信息技术应用于教育教学中。各个学校在利用信息技术辅助教学的同时，也开始重视信息技术与课程整合及信息技术与学科整合，这是教育信息化发展的必然。要想实现信息化教学，就应该重视信息技术与课程整合。近年来，教师们也意识到现代信息技术在教学中的重要性，并将信息技术融入教学中。当前学生利用手机等移动设备进行自主学习的现象越来越普遍，在教学中，教师可以鼓励和引导学生通过移动设备来观看微课视频，这样有利于促进微课教学的实施。

三、信息化背景下微课教学的策略

（一）利用同伴学习的理论

由于微课具有特殊性，因此要想提高教学效果，就要发挥学生的学习主动性，可利用班级里担任着"领导"的角色人物，如班长、学习委员等，利用他们开展同伴学习。同伴学习不仅能够激发学生学习的主动性，从而提高学生的认知水平，同时也为学生的交往、互动提供了条件，提高了学生的交往能力。在优化微课教学效果时，可以先从这部分学生入手，利用教师在教学中常用的"同伴学习"理论，由这部分学生带动学习能力偏低的学生，提高他们的学习主动性，配合教师在课堂上认真观看微课及在课余时间反复观看微课，从而优化微课在教学中的应用效果。

（二）加强对教师培训的力度

各个学校要主动组织教师参加微课专题培训，聘请专家团队给教师开设专业的微课制作指导培训课，也可派出教师到微课培训班进行学习，将以课程为单位的教师组成一个团队，从教学内容的设计到脚本的编写再到最后的后期特效，从头设计并制作微课。教师在微课培训中可以学习到全国优秀的案例，可以整合区域内的优秀微课资源，结合本班学生的特点及专业需求，加以改造，制作带有自己特色及水平较高的微课。教师可在培训中对制作的微课视频进行互相交流，在交流中学习，以此改进微课视频的呈现方式及促进微课内容的完善化发展。培训需让教师进行微课制作，然后进行指导和提升，各个高校也可以结合教师教学能力大赛、微课教学竞赛等赛项要求，锻炼教师微课的制作水平和运用能力。

（三）端正教师应用微课的态度

教师对微课的应用不应仅限于比赛、课题研究等，还在于日常教学，教师应该端正对微课应用的态度，注重微课内容与现实课堂之间的关系，以提高教学效果。日常教学中应用微课可吸引学生的注意力，提高学生的学习效果，在应用时，要将班级学生的个性特点融进微课视频里，培养学生的创新思维，学生的动手实践能力与成绩都会得到显著的提高。微课可以反复使用，长久而言可以减轻教师的工作量，提高日常教学效率。教师应加深对微课的认识和理解，把微课视为教学改革的一个有效手段，将微课与教学改革联系起来，而不能仅仅将其视为辅助教学的一个工具，微课是进行教学改革的有效途径和切入点，这是信息化背景下教学的必然发展方向。

四、信息化背景下微课教学的实践

（一）信息化背景下微课教学的实践要求

1. 学校方面的要求

随着信息技术在教育领域的不断渗透，微课作为一种新兴的教学模式在各大高校推广开来，就当前取得的教学成果看，微课模式有着十分广阔的发展前景。过去，微课在各个学校教学中的应用表现出零散化的特点，即只有少数教师在开展某些课程时应用这一模式，如今，越来越多的教师开始将微课与自己的学科教学结合起来，微课教学模式也逐渐变得规模化、集成化与具体化。

为了进一步推动微课在实践课教学中的应用，学校要承担起相应的责任，首先，保证微课教学有施展的场所，也就是建设更为完善的多媒体教室，配备更为丰富的多媒体设备。其次，由于视频是微课教学的主要资源，教师需要将制作好的教学微视频上传至教学平台，学生登录账号在平台中观看，这个过程离不开网络的支持。因此，学校要着力建设校园网络，让学生不论身处图书馆还是自习室，都能随时观看教学微视频，学习其中的内容。最后，微课教学模式中，教学微视频的制作往往要耗费教师大量的时间与精力，如果教师将制作好的教学微视频上传至共享平台，那么此后其他教师讲授到相同内容时就可以借用这些视频资源，这不仅有利于减轻教师的教学压力，还能够促进教师团体之间的沟通与交流。

2. 教师方面的要求

微课应用于英语专业实践课教学，关键在于教学微视频，高质量的教学微视频才能促进学科教学的发展，因此，教师必须提高对自己的要求，从而制作出精良的教学微视频。

（1）英语教师乐于在教学中应用微课这是十分值得肯定的，同时也要意识到，长期以来，我国的英语教学都是在传统课堂中进行的，微课模式绝不可能取代传统的课堂教学，两者必须结合起来，各自发挥优势，共同致力于英语专业实践课教学的发展。

（2）微课教学模式是在教育信息化的背景下产生的，教师能否熟练应用相关信息技术成为微课教学的重要影响因素，所以，教师必须不断学习，从而提高现代信息技术的应用水平。为了弥补传统教学模式趣味性的缺失，教师要制作出有趣的教学微视频——不仅画面生动，而且配音字幕使用得当，这就要求教师具备制作教学演示文稿（PPT）、使用录屏软件以及配备声音字幕的能力。其中，声音的配备要求英语教师对教学内容一一朗读，因为在英语专业实践课教学中，英语发音格外重要。学生在观看教学微视频时，大脑能够接收到良好的语言刺激，在此基础上进行跟读，才能形成正确的发音，养成良好的语言习惯。

3. 学生方面的要求

不论传统教学模式还是微课教学模式，教学服务的对象都是学生，教学所要达成的目标也都是提高学生的学习效果，所以，任何一种教学模式都要注重学生的作用，为学生创造良好的教学环境，调动学生的学习积极性，这也是微课教学的应有之义。在基于微课的英语专业实践课教学中，学生更乐于在课前和课后观看教学微视频，这两个阶段的学习都没有教师的参与，因此，需要学生发挥主观能动性，开展自主学习。

在课前预习环节中，面对未曾学过的知识点，学生要表现出精力高度集中的学习状态，有目的地观看教学微视频。视频观看完毕后，回想自己学到了哪些知识，存在哪些不懂的问题，这些问题哪些需要与同学探讨，哪些需要向教师请教。另外，为了检测自主学习成果，学生需要完成教师设置的配套练习，这样才能明确自己的学习情况。在课后复习环节中，学生借助教学微视频查缺补漏，对于自己的薄弱之处多次观看教师的讲解，从而全面掌握课堂教学内容。除此之外，微课也可以在课堂教学环节应用，只不过大多数学生认为，课堂要以聆听教师的讲授为主。其实，在课堂中播放教学微视频能够调动学生参与教学活动的积极性，有利于提高学习效率。

英语教学的实践性本身就很强，英语专业实践课教学更是如此，实践课开展的目的就是促使学生在扎实掌握语言知识理论的基础上，形成语言实际运用的能力。在微课教学视频的辅助下，学生可以跟读，并反复练习相关句型，正所谓熟能生巧，大量的练习必然能够帮助学生获得许多英语实践运用的技巧。总而言之，学生必须成为一个自律的人，用良好的自主学习习惯收获更多的英语学习成果，也让微课教学体现出其存在的价值。

（二）信息化背景下微课教学的主要应用

1. 微课在词汇教学中的应用

（1）以精简的词汇教学，激发词汇学习热情。微课教学模式有短小精悍的特点，此特点与学生的学习特点相符合，它能够在最短的时间内吸引学生的注意力，激发学生的学习兴趣，使其进行更为集中的学习。在实际的英语词汇教学中，教师需要根据教与学的实情对教学内容进行有效精简，以此来激发学生英语词汇的学习热情，提高词汇学习的效果。在词汇教学运用微课教学模式之前，教师必须要做好充分的准备，要精心挑选词汇教学内容，提升词汇教学的趣味性。教师在教学中采用精简性的词汇教学方式能够提高学生对词汇学习的热情，这能使学生在极短的时间内理解并记忆已学的词汇，构建更为完整的词汇知识体系。

（2）便利凸显重点，提高词汇教学效率。微课之所以成为"微"课就是因为视频较短，一般不会超过10分钟，在精短的视频中难以将全部的内容都容纳进来。因此，教师在进行词汇教学的过程中必须要对重难点的词汇进行挑选，以便凸显词汇教学的重难点，并以此为基础设计各环节的实践教学活动，从而提高微课词汇教学的质量。在词汇重难点的选择方面，教师通常是以频率来判断的，如在学习相关内容时，若干英语词汇出现的频率较高，这时教师就可以针对这些词汇制作短视频，有针对性地进行讲解，这样既能缩短词汇教学时间，还能让学生用掌握的词汇技巧来进行词汇学习，能够取得事半功倍的词汇教学效果。

（3）利用现代化手段，增强学生对词汇的理解。传统的讲解、记忆词汇教学模式已经无法完全满足学生的实际词汇学习需求，微课教学模式具有较强的灵活性、趣味性及有效性特点，教师需要加强对微课教学模式的进一步创新，以便于学生更具针对性地理解所学内容，构建完整的知识体系，吸收与消化英语词汇。英语教材中有大量固定搭配性的词汇，针对这些词汇的学习，教师制作的微视频可以从简单的记忆向词汇语句翻译过渡，并适当调整课堂问答的内容，促进学生顺利地掌握及灵活应用固定搭配，从而提高词汇学习的效果。

（4）观看微课视频，使学生积累英语词汇。英语水平的提高，除了学生日常好好听讲之外，还需要学生主动地进行课外拓展阅读。微课视频能够帮助学生提升语言素养，提高写作能力。例如，学生都喜欢看电影和动画，就是因为动画片和电影是动态的，人物的设定和说话的语气都符合学生的心理，并且电影具有情节性，更能激发学生的兴趣。因此，教师就可以抓住学生这一心理，选择生动的电影视频作为微课视频进行播放，以增加语言信息的可理解性输入。

（5）使用微课便于创设具体情景。学生英语能力的取得需要学生具备扎实的基础，需要牢牢地掌握足够数量的英语词汇，因此，微课可以很好地帮助学生提高这种能力。英语教师在上课之前要做好充分的准备，制作微课时要注意设计和收集一些与学生的生活环境贴切尤其是其比较熟悉的真实场合，并且能够调动学生的积极性，吸引他们的注意力。教师要善于利用微课将学生脑海中的意识和认知转换到现实生活中的真实场景，不断满足学生的好奇心和喜欢探索未知世界的心理。由于有了这种前所未有的体验，学生会对学习词汇产生兴趣，以一种轻松愉快的方式牢牢掌握词汇，还能提高学生的英语口语能力。

总而言之，在互联网时代信息技术飞速发展的背景下，微课已经成为英语教学的模式之一。在微课教学中，微视频使原本枯燥乏味的词汇学习变得生动有趣，学生可以在这样的学习环境下深化对英语词汇的理解，增强对英语词汇的记忆。英语教师将各种词汇学习的技巧展示在教学微视频中，学生在了解并掌握了这些技巧之后，英语词汇学习的效率自然得到较大提高。因此，在实际的英语词汇教学中，教师需要对这种方式进行深入分析与研究，从而为学生后续英语学习之路的顺利推进奠定基础。

2. 微课在口语教学中的应用

在英语口语课堂教学中应用微课，主要包括课前、课中及课后等不同阶段的应用。

（1）课前引入微课教学。课前预习阶段是微课发挥作用与价值的重要阶段。基于微课的教学模式，英语教师可以事先将教学微视频发送给学生，学生跟随教学视频的节奏，完成本堂课的口语预习任务，从而为口语课堂教学的开展奠定基础。为了保证微课在英语口语教学中的效果，教师应制作精良的教学微视频。在教学微视频中，应当着重突出课堂教学的主题，并把教学目标、教学重难点等内容明确展示出来，这样学生能够有的放矢地开展自主学习。教师要注意将视频时长控制在 10 分钟左右，从而不至于引起学生的疲劳与反感。此外，还要注意微课教学视频中的英语发音要做到口齿清晰，让学生能够模仿并学习。

　　微课教学视频制作完成后，英语教师可以将其上传至网络教学平台，一方面，学生能够根据自己的需要随时观看教学视频，对于难以掌握的口语知识点反复多次观看，实在理解不了的内容则要及时记录，以便在课堂教学中向教师寻求帮助；另一方面，其他教师也可以借鉴此教学视频，这种教学资源的共享能够无形之中缓解英语教师的教学压力，让其有更多时间对学生开展针对性辅导。

　　（2）课中应用微课教学。英语口语教学的课时有限，将微课模式应用于口语教学中能够在一定程度上解决这个问题，因为在教学视频的辅助下，课堂教学时间得到了优化。在课中应用微课教学，教师只需要将时间花在为学生讲解重难点内容上即可，其他容易理解的知识学生可以通过观看教学微视频来掌握。此外，微课模式还使英语口语教学的实践性有所增强，学生获得了更多的口语练习机会，日常交际、求职问答等均能在课堂中加以训练，学生的口语表达能力也能够得到提高。

　　（3）课后练习应用微课巩固复习。英语口语教学质量之所以提升缓慢，原因之一就在于学生的课后巩固与复习效果不佳。将微课应用于学生的课后练习中，学生可以通过观看教学视频完善自己的口语知识体系和人机对话练习，并尝试将知识点以灵活的方式应用到日常交际中，能够在无形中优化学生口语学习的效果。

第二节　信息化背景下的慕课教学模式

　　"随着网络技术的广泛应用，人们的生产生活模式、知识的传播方式以及获取方式都发生了巨大的变化，慕课作为信息时代一种全新的课程资源，其出现顺应了当前我国教育信息化教学改革的大潮"[1]。慕课教学是信息时代出现的一种新的教学方式，如今各国都已经开始使用慕课教学，这也是互联网+教育的主要方式。对于高校教学而言，传统的教学方式已经无法满足现代教学的需要。因此，慕课就成为我国教学改革的一条新出路。

---

[1]　许湘云. 慕课背景下高校普通话教学改革探究 [J]. 才智，2022（28）：95.

一、对慕课教学模式的认知

慕课（MOOC）是一种在线课程，它具有大规模、开放性，它的音译名为慕课，慕课的大规模一般体现在三方面：①从课程内容上而言，其非常多且杂；②从服务对象上而言，接受服务的学生数量非常多；③从影响力上而言，世界上任何一个角落里的人都可以学习该课程。

"M"就是 Massive 的首字母，该单词的意思为大量的、大规模的，这里的"大"不仅指注册课程的人数多，而且还指课程资源的丰富性，不过，需要指出的是，"大规模"是相对的。"O"就是 open 的首字母，该单词的意思为开放的，"开放"主要包括两部分的内容：①学习空间开放，不仅在校学生可以利用慕课课程学习，社会人员也可以利用慕课课程学习；②学习资源开放，所有人都可以自行下载课程资源，且课程是免费的。"O"就是 Online 的首字母，该单词的意思为在线的，"在线"是教师的教学、学生的学习、教师的监控评价等都可以在互联网上实施。"C"就是 Course 的首字母，该单词的意思为课程，"课程"的内涵十分丰富，不仅包括各种主题提纲、教师讲授内容视频，还包括学习资料、学习注意事项等。

总而言之，慕课就是一种十分开放、规模较大的网络课程，它与传统的远程教育存在明显的差异，更是与教学视频网络公开课的特点不同，所以，认识慕课有助于了解其本质。

慕课是一种十分依赖网络的课程，对于传统课程而言，它们具有以下方面的差异：

第一，慕课在开课之前需要进行详细的计划，确定教学目标。教师先制作一个简单的课程描述，例如课程中的重难点、课程的进度等。学生在慕课开始之前还需要注册一个专门的账号，从而拥有自己的慕课账号，使用自己的慕课账号就可以登录慕课平台进行学习。

第二，在一个教学模块中，将整段的教学视频分成一个个 10 分钟左右的小视频，这样可以将一个大的知识点分成一个个小的知识点，学生通过 10 分钟视频的学习能够学会一个小的知识点，可以保证学生在较短的时间里集中注意力，使学习效率达到最高。

第三，教学视频是一种专门为慕课进行制作的视频，而不是将课堂教学或者会议研讨等录制下来的视频。

第四，在慕课的教学视频中包含一些回顾性测试，这是为了使学生在学习完一个小视频的内容之后进行检测，回答正确问题才可以开始下一个视频的学习；如果不能回答正确，那么就要继续观看答错的知识点的视频，这样是为了使学生在学习完一个知识点时及时巩固，从而打牢基础。

第五，在慕课视频平台中，除了观看视频之外，平台中还有作业提交区和展示交流区。这样可以使学生在观看完视频之后，及时完成作业，并且遇到不懂的问题还可以互相讨论，从而解决自己在视频观看过程中遇到的问题。除此之外，慕课还有一些线下交流会的设置，一些对某个知识感兴趣的学生可以参加线下交流会来相互讨论，相互学习。

（一）慕课教学模式的特征

随着慕课的日渐成熟与社会影响的逐步增大，它的特点也表现得日益明显。慕课教学的特点，如图 5-3 所示。

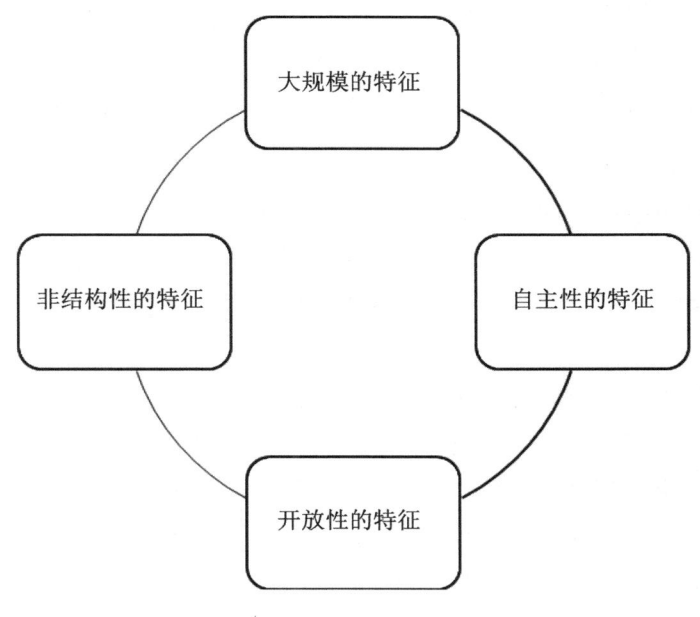

图 5-3　慕课教学的特点

1. 大规模的特征

大规模不仅指学生的数量，也指课程资源的丰富程度。由于信息技术的发展，通过慕课学习的学生越来越多，每个慕课学习平台上每天进行学习的学生成千上万。从形式上看，它的课堂规模大，上课地点不固定，可以随着每个学生而转移变换；它的时间也不受限制，可以是任何时间。所以它的时空呈现出前所未有的广泛性。此外，从内容上而言，它的参与者、受众范围也十分庞大。

（1）课堂人数数量大。由于慕课采用在线学习的方式进行教学和学习，打破了传统课堂教学地域空间和时间的限制，可以实施全天候跨地域学习，可以把碎片化时空转变为课堂进行教学，这就使得每门课程可以容纳大量的学习群体，再加上网络技术和大数据技术使信息处理实现了质的飞跃，这也使课堂管理和考核有大量的学生参与进来成为课程。所以，课堂规模是传统教学所无法想象的。

（2）受教育群体范围广泛。慕课的初创理念就是让世界上最优质的教育资源传播到世界上最偏远的角落。全世界的人无论年龄、性别、职业等都可以注册学习。这种开放性教学模式打破了高校对课程教学的垄断，也使参与群体得到了质的飞跃，这也是慕课同传统课程及远程教育的最大区别。由于慕课推行的免费教育理念和参与门槛比较低（大多只需要注册），使得非高校的学生甚至不同职业和年龄阶段的人群都可以加入进来进行在线学习，所以慕课参与面十分广泛。因此，可以说慕课是一种巨型的课程。

2. 自主性的特征

慕课的教学方式完全颠覆了以往传统的教学模式。在慕课教育中，学生的中心地位得到了突出，学生在课堂上不再是消极的、被动的，而是积极的、主动的，教师在其中只是适当地发挥指导作用，引导学生整理知识信息，完善知识系统。

慕课可以帮助学生自主选择学习资源，因此有利于学生自主学习能力的提升，同时，学生这一能力的提升也可以使其更加自觉地学习，也能完成知识的内化。在慕课教育平台上，学生一方面通过课前预习完成对自主学习的自我测评，从而在课堂上更有针对性地学习，另一方面其还可以与同学互相讨论，充分发挥学习的自主性，完全把握自己的学习进度与学习状态。

3. 开放性的特征

慕课的开放性主要体现在慕课平台建设的开放性、课程学习的开放性和学习资源的开放性等方面。慕课的大规模性依赖于慕课平台的建构，慕课刚诞生时，还没有慕课平台，开放性也受到限制，但是随着慕课平台的建立、免费和资源共享理念的建构，慕课的开放性特性得到空前发展。

慕课的出现打破了高校对课程和学习资源的垄断状态，使所有的课程和学习资料变成开放共享状态。第一，课程注册开放。全世界的任何人都可以利用该平台注册学习，无论年龄、性别、职业等区别。第二，学习时间开放。学生可以根据自己的课余时间安排学习，不再局限于校园内的上课时间，也不再局限于学龄阶段。第三，课程内容开放。只要注册了，就可以选择学习每个平台上的任何内容，并且不再有其他任何限制条件。第四，学习地点开放。学生不管身处何方，只要有上网终端，就能实现在线学习，而不必局限于传统的校园和教室。第五，学习评价开放。一般采取智能评价系统或学生互评的评价方式考核学生的成绩。

4. 非结构性的特征

近年来，慕课研究成为学界研究的特点，基于此，不少高校也开始行动起来，纷纷引入慕课平台，对慕课进行有效推广，这为学生的学习提供了更加便捷的渠道。需要指出的是，基于网络技术而形成的慕课与传统教学之间其实有着密切的联系，慕课给学生提供的是一种适合碎片化学习的环境，这种碎片化的知识就凸显了慕课的非结构性特点，学生可以自由地选择自己想要学习的内容，而对于传统教学而言，其着重点是通过科学、系统的教学设计完成对人才的专业化培养，重视学生知识体系的建构。慕课融入传统教学，对于传统教学而言，这有利于丰富传统教学的手段，而对于慕课而言，这有利于进一步推动慕课的实施与研究。

（二）慕课教学模式的类型

1. cMOOC

互联网不仅是一个媒介，还是一个全新的空间，cMOOC 是一种基于关联主义支持下形成的教学模式，这种教学模式改变了以往学生被动接受知识的局面。人们都生存在客观世界中，不同的人对世界的认知不同。因此，有的人对客观世界的认知就产生了偏差，这样就需要接受正规的系统教育来正确认识世界。对于学生而言，应该主动地去构建知识，教师也应该从以往对学生的知识灌输变成知识的引导者和发起者。学生在学习中养成自觉学习的好习惯，才能为自己的全面发展找到合适的道路。cMOOC 教学主要是为了培养在信息技术支持下的网络知识人才，通过 cMOOC 进行学习的人可以形成对数字信息的敏感性，并且在学习中主动建构自己的知识体系，乐于创新知识。在 cMOOC 教学模式中，学生可以形成良好的信息组织能力，但并不是每一个学生都可以形成这样的能力。因此，学生在 cMOOC 教学中集中注意力，沉下心去学习是十分必要的。

2. xMOOC

xMOOC 是基于行为主义学习理论的大规模在线开放课程，在 xMOOC 教学中，教师将自己的教学计划发布到平台上，学生可以根据自己的兴趣选择自己喜欢的一门课程。在选课之后，在 xMOOC 教学平台上有课程开展的时间和进度。学生可以根据教学计划来安排自己的学习时间。教师在制订好教学计划之后，会提前将课程的视频上传到教学平台。xMOOC 教学视频是教师特意准备的，并不是将一些录制好的课程拿过来直接用。xMOOC 视频是由一个个小的视频组成的，不同的慕课视频的时长都控制在 10 分钟以内。在学生完成一个 xMOOC 视频学习之后，在视频的结尾有教师设置的问题，只有答对了这些问题，学生才可以开始下一个视频的学习，否则只能重新学习上一个视频。完成一个知识点的学习之后，教师会布置相关的作业，学生需要在规定的时间内完成作业，否则系统就会自动判定为零分。作业提交之后由学生进行互评。

在学生互评之后，教师再进行审核，然后确定最后的分数。在结束一个课程的学习后，接下来就是期末考试，学生在 xMOOC 平台上学习，接受网络考试。但是，这种考试方式存在作弊的问题。为了减少学生作弊的情况，学校可以实行线上学习、线下考试的方式，这就使得学生在考试时作弊的情况极大降低。

3. cMOOC 与 xMOOC 的不同与融合

（1）cMOOC 与 xMOOC 的不同（表 5-1）

表 5-1 cMOOC 与 xMOOC 的不同

	cMOOC	xMOOC
时间	2008 年至今	2011 年至今
理论支持	关联主义学习理论	行为主义学习理论
模式特点	基于主题的	基于内容的
	侧重于知识建构与创造	侧重于知识传播与复制
	强调创造、自治和社会网络学习	强调视频、作业和测试等学习方式
课程结构	以内容为起点，学生通过资源共享和交互扩展来学习	传统的课程结构与教学流程
教学内容	分布式、开放性的内容安排	常规的学习结构内容安排
师生关系	变化的开放的	传统的

续表

	cMOOC	xMOOC
学习目标	学习者共享创造知识	学习者掌握学习内容
课外讨论	分布式多种社交媒体支持	基于课程的集中式论坛、线下见面等
测试与评估	教师综合评估	软件测试、自我评判、学习者互评等

（2）cMOOC 与与 xMOOC 的融合

首先，坚持"课程"属性：慕课的根本。"课程"概念是教育领域中概念最复杂、歧义最多的概念之一，它是一个有着丰富历史的"理论性词汇"，既与愿景的观念相关，又是一个有着极其玄妙象征意味的潜在形象。在西方，斯宾塞在 1859 年发表的《什么知识最有价值》一文中最早提出"Curriculum（课程）"一词，指教学内容的系统组织。"Curriculum"是名词，原意是静态的"跑道"；该词源于拉丁语的动词"Currere"，意为"奔跑""跑的过程与经历"，从词源学的解析亦可窥见其隐藏着的符号表征意义。因此，在课程研究中产生了静态课程观与动态课程观、脚本隐喻与文本隐喻、实体思维与过程思维的分野。但是，课程作为一种复杂的教育现象，它既不是纯粹的客观事物，也不是彻底的观念形态；它既有被决定、被制约的性质，又存在自主与能动特点；它是一种主观与客观统一、物质与精神结合的现象。因此，课程既需要"跑道"与"奔跑"过程，又需要结构与建构；既需要开发事件，也需要理解事件——这些含义辩证统一于过程与关系之中。

慕课的根本属性在于"课程"。尽管它与开放教育资源的渊源颇深，但是慕课超越了其仅限于"资源"开放的理念，提供了完整的课程体验，它延伸了远程教育中的"网络课程"的内涵，不但突破了学习者群体的大规模性，亦突破了网络课程中资源难以汇聚、课程难以实施的局面。慕课具有完整的课程要素与实施过程，有明确的课程内容或课程主题，有教学互动等教学活动组织与学习支持，还有测验、作业、考试等不同的课程评价方式。总而言之，在慕课实施的过程中，要关注到教学方法的运用、教学活动、教学支持的组织及课程评价。课程学完之后，如果符合课程考核要求，那么学习者就可以拿到课程学习证书，甚至还可以授予学分。因此，从课程目标、课程内容到慕课的组织与实施以及学习评价，它提供了完整的课程学习体验。

其次，过程、关系与意义：从实体思维转向人本价值的观照。cMOOC 最显著的特点是：课程在参与者的交流与互动中生成，一般由教师个人组织和实施，不局限于特定平台，没有固定程式。教师在课程提纲中确定一系列可选的学习主题，作为学习者在学习过程中搜索资料、进行学习和反思等迭代过程中的"指引"。学习者在同一话题"指引"下，根据自己的习惯和偏好使用多种工具或平台（如 Wiki、博客、社交网站等）参与学习、讨论、交流，建立知识节点，最终课程在知识网络中多群体学习路径的互动中生成。"课程"与"教学"、"学习"具有连续性，更体现了课程主体在本体论意义上的诉求与张力。所以，这是一种"过程"思维观的课程，是一种注重"奔跑"过程的课程观。而 xMOOC 具有结构化的课程体系和系统化的平台支持服务，它最显著的特点是具有完整的课程结构。教师规定好每周的学习内容，录制 5～20 分钟的微视频作为核心课程内容放在学习平台上，学生通过平台服务器可观看视频讲解，其教学理念是：教师是专家，学生是知识的消费者，学习是学生习得由课程设计者组织并由教师传递知识结构框架的过程。显然，xMOOC 将教学过程简化为忠实而有效的课程传递，是一种实体思维的课程观，是一种"跑道"课程观，人成为抽象化的象征。从 cMOOC 到 xMOOC，慕课从"奔跑的过程"走向了"跑道"，并从"过程"思维走向"实体"思维。

"实体"概念最先由亚里士多德提出，其主张实体就是固定不变的作为其他东西的主体、基础、原因、本质，并先于其他东西而独立自存的东西。换言之，实体最根本的意义在于，它是不依赖于任何其他存在物而独立存在的客观"实在"，是一切事物的存在基础和万物生成的本原。实体思维即以"实体"看待事物的方式，在这种思维方式下，课程由若干实体构成，每一个实体被视为一种存在，并且彼此不相关联。那么，知识也是一种客观实在：实体思维方式中的任何事物都是与周围事物"绝缘"地孤立存在，人、知识、价值等诸事物概莫能外。课程若成为维护实体知识的"跑道"，那么课程就会成为某种恒定、孤立与静止、简单的存在。"过程"是由英国著名哲学家怀特海创立的过程哲学的核心范畴，它认为"过程"是宇宙的本体，是万事万物存在的基本形式；所有事物都经由"过程"生成，过程又籍于具体事物而显现其存在。基于过程世界观的"过程"思维更注重各实体之间的关系，注重课程的整体有机性、生成性、复杂性、转变性，过程思维下的课程在交流和互动中创生与发展。从实体思维到过程思维不能简单否认或无限推崇，实现人本价值的观照需要超越"非此即彼"的局限性，辩证看待二者的内在联系。

从实体思维到过程思维的转向，意味着从简单到复杂、从孤立到关系、从静态到动态、从恒定到生成、从客观到经验的转向。但是，简单的对立又将陷入实体思维二元对立的境地。因此，从关系与过程出发，这种"转向"并不意味着原有实体思维的终结与消亡，而是对原有思维的超越与升华。关系的间断构成了实体，实体的连续构成了关系。复杂中包含着简单、关系中蕴含着实体、动态中暗藏着静态……它们之间具有连续性，顾此失彼则难以把握课程的复杂性、丰富性。从这个意义上说，课程是关系、意义或过程的复杂统一体。

总而言之，无论是 xMOOC 还是 cMOOC，最终都要以人本价值为根本观照，因为无论是实体思维还是过程思维，xMOOC 与 cMOOC 均具有连续性、互补性与内在统一性——连续性是指二者一脉相承，均具有开放性、大规模的特征，学习者均可以基于互联网技术的载体形式参与课程活动；互补性是指二者在课程目标的确定、课程内容的设置、学习过程、课程评价的实施等方面具有互补的开展方式，即 xMOOC 侧重于课程要素元叙事的具体操作程序，而 cMOOC 侧重于理解与解读，是在课程元叙事基础之上的意义理解；内在统一性是指在 xMOOC 中包含着 cMOOC 的对话与理解，cMOOC 中也包含对 xMOOC 事件理解的新意义，故二者均统一于主体性的人本价值。同时，实践中"广泛传播""难以推行"的现象也警示我们：cMOOC 在开展形式上需要向 xMOOC 靠拢，而 xMOOC 需要朝向 cMOOC 的方向改革。课程是一种文化性存在，无论是"开发"还是"理解"，都是时代的产物，均有其存在的合理性。慕课实施既需要秩序、规范与控制，也需要变异、批判与创造；既需要静态"跑道"，也需要动态体验与反思、交往与创生；xMOOC 需要超越与修正，cMOOC 也需要结构与补充。两级化的破冰之行需重新回归二者的原点：cMOOC 与 xMOOC 之间的张力最终统一于人本价值的互动、关系、意义与过程之中。大规模的学习交互、信息聚集、开放的复杂网络学习环境等，使慕课学习过程具有复杂性、动态性、开放性、非线性等特征。面对人本价值的鹄的，需要用一种整体的、有机的视角全面审视慕课，超越 xMOOC 的线性表征，并走向层层递进的融合状态，从而避免慕课的两极化发展。

二、信息化背景下慕课教学的作用

（一）有利于形成能力培养平台

如今，很多学校中使用一些开发好的慕课平台，这些学习平台中包含很多学习资源，可以为慕课教学提供很多服务。随着科技的发展，教学平台的建设也逐渐完善起来。在慕课平台上，有很多与专业有关的知识，学生可以结合自己的专业学习相关知识。因此，慕课为专业能力的培养提供了平台。

（二）完善教学模式和教学内容

第一，完善教学模式。教师主要将课程录制成视频材料，制作成视频以供学生观看。教师设置的问题学生如果不能想到答案，则可以通过慕课平台的交流窗口进行解释，从而引发学生深入思考问题。教师和学生之间就疑问进行交流，可以激发学生的求知欲和好奇心，从而使学生在接下来的学习中保持高度的热情。

第二，丰富教学内容。慕课教学有信息技术做支撑，教学资源特别丰富，因此，它可以满足不同学习个体对知识的个性化需求。在慕课平台上，学生可以为自己创设一套独一无二的课程模式，人们可以选择自己感兴趣的课程，也可以根据自身的学习能力或职业规划进行具体的课程选择，学生的自主性增强了，其可以自由掌控学习内容与学习进度，这最大限度地满足了学生的个性化需求。除此之外，学生还可以借助慕课平台向教师寻求指导，教师要有耐心地对学生的问题给予解答，同时，当发现学生的学习不在状态时，则需要及时提醒学生。因为每个学生的学习情况不同，个体差异非常明显，所以教师在教学过程中要尽量做到因材施教，从而增强学生的学习效果。

（三）促进教学手段多元化

在教学模式中，不同的教学模式对教学产生的效果是不一样的。传统的教学模式为教学带来一些影响，这种教学模式将教师放在主导地位，因此，学生只是被动地接受知识。为了改变这种教学模式，慕课是一种非常好的方式。慕课本身具有较大的互动性和开放性，这种特性可以使学生和教师之间的交流变得更加方便，是对十分闭塞的传统教学模式的改变。在这种新的教学模式的指导下，学生的主体地位得到提升，教师在教学中的角色得到极大的改变，成为学生的指导者和教学的设计者，学生成为学习的主人。在学习过程中，学生观看慕课视频，事先对所学的知识进行预习，这就使学生的学习没有了课堂的限制，从而充分利用碎片化的时间进行学习，慕课的学习方式打破了传统教学模式对时间和空间的限制。

（四）提高学生学习乐趣

传统课堂一直都是以教师为主导的，教师向学生传授统一的内容，同时课程进度也比较统一，这使学生的学习兴趣较低。慕课则将传统课堂的局限彻底打破了，它可以运用声音、图像等将知识呈现出来，这让学生可以了解到更加直观的知识，从而有利于其学习。以往学生无法自主选择学习的知识，教师是知识的传授者，学生是知识的接受者，教师主导学生的学习进度，而慕课则给予学生较大的自主权，在慕课模式下，学生的潜能被激发了，思维更加活跃，学习也成为一种发自内心的自觉行为。而当学习是出自学生的兴趣时，学生才能真正投入到学习中，享受学习，并最终获得扎实的知识与较高的技能。

（五）扩大学生知识储备

我国主要通过课堂学习的方式来帮助学生学习，在课程中，学生学习能够利用的课堂时间是有限的。但是，慕课的出现就解决了这种问题，慕课在教学中主要使用网络平台，这种教学模式可以使学生随时随地学习，极大地扩展了学生学习的范围，对丰富学生的知识十分有利。

三、信息化背景下慕课教学的机制

（一）搭建慕课联盟平台

慕课给当前的教学带来了新的机遇和挑战，当前我国也有很多的高校开设了自己的慕课平台，有些课程也获得了很高的点击量。在信息技术深入发展的当下，更多的高校也应该积极投身慕课平台的建设。校际应该秉承团结合作的原则，以不同的学校类型或不同的区域等作为划分，共同构建慕课联盟平台，研发出精品课程，从而让学生可以接受本校之外的优质教学资源，缩小不同地区之间的教育差距，真正实现教育的流通与共享。

慕课具有开放性，这是由于慕课课程具有共享性，这也是很多高校积极搭建慕课平台的初衷。随着时间的推移，越来越多的慕课平台得以出现，在组建慕课平台的同时，就应凸显出自己的核心专业以及特色课程的建设，集中优秀教师力量进行课程的开发与录制,争取创建出一大批优秀的课程,并且积极传播这些优秀的教学资源。高校在打造慕课课程的过程中,其自身肯定会获得一定的提高,并且这些课件通过在慕课平台的共享,也会逐步吸引更多人的关注,这显然能为学校树立更好的形象,同时也能让高校在教育领域获得一席之地。

(二)开放式的课堂教学

对于我国教学而言,也可以实施开放式的教学模式,将线上与线下教学结合起来,使传统的课堂获得新的意义,从而实现新式教学与传统教学的互补,提高教学效率。开放式课堂是在现有的学校体制下,将慕课平台与课堂教学进行了融合,让学生在原有知识结构的基础上实现了学习方式的创新。学生可以在慕课平台上选择合适的学习资源进行自学,将理论知识巩固好之后完成后续的检测,同时,学生可以随时与同伴开展在线交流,并向教师反馈自己的学习状况,在教师的辅助及引导下,学生就可以完成知识的内化。在慕课视角下,开放式课堂显然能激发出学生学习的主动性,因为在慕课平台上有海量的优秀视频资源可以供他们选择、学习,并且也能培养他们的思辨能力、创新精神。

1. 开放式教学的类型

可以把传统的课堂看作"线下"教学,将基于慕课平台开展的教学看作"线上"教学,这两者共同构成了开放式课堂,从本质上而言,开放式课堂就是传统教学与慕课平台的有机结合。

(1)线上教学。在慕课平台上,学生可以自主选择课程进行自学,他们的学习过程可以简单概括为四部分:观看视频、完成练习、在线交流、信息反馈。慕课平台的意义可以得到延展,不仅仅涵盖传统意义上的慕课平台,还可以包括各学校自主搭建的慕课平台,研发的各类网络资源学习平台也扩充了慕课平台的范围。除此之外,学生应该认真对待慕课平台的学习,不应将其仅仅看作预习环节,这与翻转课堂课前观看视频是截然不同的,在慕课平台上,学生应该集中精力将涉及的知识点进行全部内化。

(2)线下教学。在线下,学生是带着"准备"去上课的,教师也是带着"准备"去授课的,这种目的明确的教学显然能达到很好的教学效果。学生的"准备"涵盖两方面的内容:①学生对课堂要点已经进行了深入学习,是带着对知识的理解来上课的;②在学习的过程中,学生有了一些收获,同时也会有一些疑惑，这些成果与疑惑都是"准备"的内容。

对于课堂教学而言，教师的"准备"就显得更加重要，在课前，教师需要收集学生在慕课平台上遇到的知识点，并且提前做好知识点的整合等工作。在授课的时候，教师需要将这些疑难点进行合理安排，并设计丰富多彩的课堂活动让学生能够讨论这些话题，这样就可以为学生构建出高效的讨论氛围，教师就能真正发挥出课堂引导者的作用，当学生需要帮助的时候，就可以给他们提供合适的帮助。此时，应该打破传统课堂的布置模式，采用一些新颖的布置格局，如圆桌式等，有利于教师照顾到所有学生，并能及时解答学生的提问，这也可以创造出一种更为轻松愉悦的氛围，从而给课堂增色。

2. 开放式课堂教学的意义

（1）利于实现学习过程的循环。传统的教学模式似乎存在某种不合理性，并且容易浪费教师和学生的时间，学生如果在课后写作业的时候遇到一些疑难点，就会感到措手不及。在开放式教学模式下，教学的场所更为多元化，学习过程与以往相比也有了很大的变化，一些理论知识等方面的内容可以放到课后让学生自己去消化，在课堂上，师生能有更多的时间坐在一起进行知识的探究，如果遇到问题，就可以得到及时解决。

（2）开放式课堂教学营造了更和谐的师生关系。学生在线上进行学习的时候，如果遇到不懂的问题就可以在讨论区与同伴或其他人相互讨论，这样就利于疑难问题的解决。同时，由于慕课资源是比较开放的，因此许多学生都可以将一些不同的学习经验告诉教师，也可以启发教师进行课程教学的优化，从而利于慕课平台的发展。所以，学生完全可以在交流区畅所欲言，从而让教师更好地了解学生们学习的现状。

学生在线下学习的时候，教师就可以将所学的知识进行搜集整理，并且提前构建课堂情境，尽量为学生提供一种比较舒适的交流氛围，这样就能让不同学生的思维得到碰撞。相较于传统的课堂，学生有了更多的机会与教师进行交流，在开放式课堂下，教师和学生有了更多平等交流的机会，所以一种更加和谐的师生关系被构建了出来。

（三）多元化评价的标准体系

课堂教学也需要有合适的教学方法与之相匹配，通过对教学质量进行评价，可以促进教学朝着更为高效的方向发展。与传统的课堂相比，开放课堂有了更为多样化的选择，因此，在进行评价的时候也应该选择多样化的评价体系。

1. 教师教学的评价

与传统课堂相比，开放式课堂教学的评价主体更加多元化了，因为课程是开放的，所以只要是学习课程的人都可以对课程进行评价。①教师可以从注册人数上看到学生对课程的认可程度，如果注册的人数很多，那么显然有更多的人喜欢这个课程；②学生应该按照教学的进度在一定的时间段内完成调查问卷，这样就可以反映出教师的教学状况；③慕课拥有讨论区，这样教师也可以从讨论区中看到学生的评论。

2. 学生学习的评价

在传统的课堂教学中，纸笔考试是评价学生最为合理有效的方法，多样化课堂教学的开展也为评价提供了更多可能，这显然利于形成性评价的开展。通过分析现行的慕课平台，对学生的考核主要是通过线上与线下两方面实现的。在线上，通过测评其客观题的答题情况查看学生知识的掌握情况；在线下，还是通过安排统一考试的方式，以教师评价及学生自评的方式开展。对于不同部分评价在总评价中所占的比例，可以由教师自主决定。

（四）构建三元策应的机制

1. 学校层面

（1）制定慕课联盟平台建立制度。慕课联盟平台是一个大型的平台，它的建立和运用需要多个不同高校之间加强合作才能实现，这个平台的建立能够使多个高校都受益。对于我国高校而言，一定要采取必要的措施来管理和规范慕课联盟平台，从而协调解决一些常见的问题，从宏观的层面监督慕课联盟平台的运行。

（2）制定学分互认互换细则。慕课是一种开放式的课堂形式，因而其可以在一定程度上实现学分的互认互换，这就需要学校层面的有关部门根据实际的情况制定详细的操作细则，从而确定具体的学分互认互换策略。

（3）关注传达动态信息，统筹管理。在教学中，慕课是为学生提供了一种开放式的学习课堂，这种教学模式对我国传统的教学模式产生了一定的冲击，这也促使教师开始转变自己的教学方式，改变自己的思想，从而拓宽自己的教学思路。很明显，从学校的层面进行分析，慕课联盟平台的构建与运行以及慕课的实施这些都离不开学校管理层的支持和管理，因而，各个学校的管理层相关人员都需要时时关注学校的动态信息，从而根据大环境的变化做出调整，并积极应对问题。例如，学校的相关管理人员应该经常上网关注慕课平台的详细情况，更应该加大对本校慕课联盟平台建设的关注力度，并积极听取不同领域的专家、学者以及学生对该平台建设提出的有价值的建议等，从而使高校的慕课发展更加顺畅。

2. 教师层面

（1）积极转变教育观念。慕课是一种十分先进的教学理念和教学模式，慕课也给中国的传统教育模式带来了很大的影响，因而从教师的层面进行分析，教师也要做出相应的调整和改变。教师要做的就是更新自己的教育理念，即教师在教学中要转变自身的角色，要用科学、客观的态度来对待慕课，加强自身的学习，确定正确的教育理念。

（2）掌握信息技术手段。目前，很多学校都尝试着把先进的现代教育技术引入教学中，这就对教师提出了较高的要求，它要求教师一定要学习和掌握一定的信息技术手段，这样他们才能够在教学实践中得心应手地运用这些教育技术。慕课就是一种先进的现代教育技术，它的本质就是一种大规模开放性的课程，它的运用离不开计算机，因而教师一定要学习和掌握计算机的基本操作，掌握一定的信息技术理论和实践知识，从而更好地指导学生的学习活动。在现代社会中，信息化教学给很多学校都带来了较大的影响，很多教师都把多媒体设备和教育技术引入教学中，他们已经在课堂中比较少使用黑板等传统教学设备开展教学，由此可见，教师学习和掌握信息技术的重要性。此外，在教学中，很多学校都会根据实际的情况要求教师参与到慕课的建设和制作中，这也是对教师信息技术的一种挑战，需要教师调整心态、积极配合完成。

（3）提升教育教学能力。虽然慕课是一种开放式的课堂，但是教师在慕课教学中依然发挥着重要的作用。需要强调的是，在慕课教学中，教师对学生的学习起到引导和帮助的作用，这就更需要教师不断提升自我，不断提升自身的教育教学能力，这样教师才能够在慕课的教学中游刃有余地指导学生开展自主学习，为学生提供更加优质的慕课资源，并教会学生利用慕课开展自主性学习。

（4）准确定位自身角色。在慕课这种开放式的教学中，教师一定要明确自身的角色定位，这样才能更好地指导学生的学习，即教师是一种引导者和合作者的角色。对于教师而言，他们不仅在教学的过程中运用慕课，也很有可能会参与学校的慕课制作，因而教师的角色也是合作者的角色。在慕课教学中，教师的地位提升了，教师的工作也变得更加多样化，具体表现在：①学生自主地利用慕课开展学习活动需要教师的及时指导，教师需要教会每个学生学习的方法；②教师需要根据学生的自主学习反馈情况进行总结，并根据学生的学习情况创设一定的学习情境和探究性的活动等；③不同的学生学习水平有差异，教师要给予这些学生不同的指导；④当学生已经学习完相关的慕课课程之后，教师需要对各项知识点统一进行梳理并使学生在头脑中形成知识的体系。由此可见，在慕课教学中，教师发挥着不可替代的作用，教师是课堂的主导，学生是学习的主体。

3. 学生层面

（1）提高资源选择的能力。对于学生而言，他们通过学习这种开放式的慕课课程不仅能够学习很优质的课程资源，还能够通过慕课学习掌握一定的自主学习能力，这种能力对学生将会产生深远的积极影响。从理论的视角进行探讨，慕课能够为学生的学习提供多样化的优质学习资源，这样学生就具有了比较大的选择空间。学生在选择教学资源的过程中需要教师的耐心指导，这个过程也能够逐渐提升学生的资源选择能力，这对于学生将来的工作也是十分有利的。在信息技术时代，每个学生在日常生活中都会接触到网络，都会接触到大量的信息资源，如何在大量碎片化的信息资源中找到对自己有用、有价值的资源是一项技能，它考验学生的信息分析能力、专业能力及判断力等综合能力。

（2）领会自主学习方法。在开放式的慕课教学中，学生需要根据自己的学习需求选择适合自己的学习内容和方法等，这样学生就需要主动思考，主动来做出各种选择，最后开展自主学习，这整个过程能够提升学生的自主学习能力。

（3）把握慕课课堂与传统课堂的关系。目前，慕课教育对我国的学校改革产生了比较深远的积极影响，慕课已经被广泛应用到我国很多学习领域。然而对于教师和学生而言，他们在运用慕课开展教学的过程中还需要适当地处理好慕课课堂与传统课堂教学的关系，即两者并不是一种完全对立的关系。由于各种实际因素，慕课的应用范围会受到一些限制，因而在教学中，传统的课堂教学还是占据着重要的地位。慕课课堂和传统课堂之间的关系就是一种互相补充的关系，教师在教学实践中一定要处理好两者之间的关系，这样教师才能够利用慕课课堂提升学生的学习效率，并激发学生的学习兴趣。

四、信息化背景下慕课教学的实践

以下以学前教育专业基础课《外国教育史》为例，阐述信息化背景下慕课教学与线下教学结合进行教学改革的实践。

（一）信息化背景下慕课教学的实践意义

第一，提供专业化能力培养平台。慕课资源是教师开展慕课教学的基础，它可以将线下和线上的资源进行整合，从而发挥出更大的作用。随着科技的发展，慕课教学平台的建设也逐渐完善起来。因此，慕课为学生专业能力的培养提供了平台。

第二，创设课前学生自主学习的环境。《外国教育史》是教育学类专业的基础课，这门课程有很多知识性内容，课程要求学生运用辩证唯物史观理解评价外国教育史所蕴含的教育思想和人文精神；理解外国教育发展史与人类文明史之间的关系；并将最新的学术研究成果与外国教育史经典内容有机结合，为认识和思考当代教育提供有益的借鉴与启发，面对教育史繁杂的内容，仅靠课堂48个学时是远远不够的，因此需要学生自主学习，而慕课为学生的线下学习搭建了良好的平台，同时慕课还搭建了相互交流的平台，学生可以在慕课平台中与参与慕课的同学进行线上交流，从而提高学生的自主学习能力。

第三，构建线上线下混合式的教学的模式。应用慕课主要是为了改革《外国教育史》的教学模式。教师主要将慕课的视频材料链接或者参考资料通过网络分发给学生，供学生课下完成基础的背景知识。课堂学习的方式是帮助学生深化理解、讨论和如何利用所学理论，并联系实际加强对现有教育现象和教育问题进行分析，并指导他们如何从历史当中吸取经验教训，智慧地解决今天所面临的教育困惑和问题，进而培养学生的批判性思维和创造性思维。

（二）信息化背景下慕课教学的实践应用

1. 慕课在理论课课前预习中的应用

（1）构建专业精的教师团队。将慕课应用于教育史理论教学的课前预习是一种创新，这种混合式的教学模式能够给教育史的教学带来全新的活力，但这种混合式的教学模式也对教师提出了更高的要求，即学校必须要构建一支具有较强专业能力和信息技术能力的教师团队来开发和维护慕课平台的运行和安全等，从而保障慕课的顺利开展。此外，这支教学团队一定要更新教学理念，在教学中始终做到以学生为中心，从根本上提升学生理论学习的积极性。

（2）打造慕课平台，丰富线上教学元素。慕课的制作以及运用都离不开网络这个平台，对于学校而言，需要不断更新和维护自己学校的网络平台，在固定的时间对学校的网络平台进行维护，从而使网络的运行更加顺畅，也能够使学生获得比较良好的外国教育史慕课体验，这能够吸引学生的目光，提高学生学习教育史的乐趣。此外，各个高校还应该大力提升学校的信息技术，使校园的每个角落都覆盖上无线网，以便于学生利用碎片化的时间学习教育史中知识性的内容。

在外国教育史的理论课教学中，教师需要录制一些知识性的小视频，例如：外国教育史的内涵、外国教育史学科的发展、现代欧美教育思潮中的改造主义教育、存在主义教育、结构主义教育、要素主义教育、新行为主义教育、人本主义教育等都比较适合录制慕课视频。

慕课视频时长一般在10分钟之内，因而这就要求教师一定要保证慕课视频的质量。同时，要在慕课视频中设定相应的练习题目供学生参考使用，用于学生自己检测听课的效果。除此之外，教师还需要在网络上面注册互动论坛，方便教师和学生的沟通与交流，提升学生自主学习的积极性和信心。学生可在论坛上提出任何与慕课内容相关的问题，并由教师进行解答，其他学生也可跟帖交流、共同分享、相互切磋、携手进步。

（3）推动传统课堂改革、完善线下教学。对于理论课的学习，背景知识非常重要。虽然慕课具有非常多的优势，但是这种教学模式也只是课堂教学的一种重要补充，是无法替代教育史的课堂教学的。混合式教学模式使各种理论知识实现了网络在线讲解，学生能够在课下利用碎片化的时间自主地掌握理论知识，从而突破传统课堂在时间与空间方面的限制，将传统的理论灌输型教学模式转变为任务驱动型教学模式，也能够实现教学目标由理解、记忆知识向应用理论与提升技能转变。基于这一点，我们应当积极对传统的理论课堂教学进行变革，将混合式教学模式有机地融入理论教学之中，实现传统课堂与在线网络教学的有机融合，不断满足学生的多元化需求，进而促进学生学习能力的提升。

在课前的慕课中，学生可能会或多或少地遇到一些问题，在线下课堂中，教师可以针对学生所遇到的问题进行深入分析，帮助学生分析问题和解决问题。需要注意的是，在线下教学内容上，应当将重点放在知识的运用和如何用理论分析教育问题的训练上，同时培养学生的批判性思维。

（4）重建课程评价考核机制。评价考核是非常重要的一个环节，通过评价考核，教师能够对学生的知识掌握情况形成系统的了解，学生也能够发现自身存在的不足。在混合式教学模式下，学生的学习、互动与考试有机地融合为一体，使评价考核的形式更加多样化，能够全面地展现学生的学习情况。因此，教师应当对慕课教学中的课程评价考核机制进行重建，将学生的课堂表现、作业情况、期末成绩与线上学习的各种表现结合起来进行评价，与此同时，还要将教师评价同学生互评及学生自评相结合，从而得出最终的评价考核结果，这种评价考核形式具有非常明显的优势，主要体现在重视评价对象的素质发展、强调评价主体的多元化、尊重学生的个体差异。总而言之，这种评价考核方式不仅使教师的主导作用得到有效的发挥，而且可以充分发挥学生的主体作用，有助于激发学生的学习积极性与主动性。

（5）培养学生自主学习策略。虽然慕课作为一种新兴的教学形式，具有非常明显的优势，但是，需要注意的是，慕课毕竟需要通过网络来开展学习，容易使学生在使用网络的过程中受到诸多因素的干扰，进而对学生的线上学习造成影响。因此，运用慕课开展教学活动时，应当重视教师的引导、启发与监督，及时对学生的不良学习行为进行纠正，以保障教学活动的顺利进行。

对于学生自主学习能力的培养，教师需要注意：①在学生开展自主学习之前，教师应当采用各种方式对学生的现有学习水平形成系统的把握，并指导学生制定适合自己的学习目标。在每次慕课开始之前，教师要制定好导学提纲，使学生对每次课程的学习目标与任务产生明确的认识，积极运用在线分享、在线答疑等方式进行教学互动，并且营造和谐、宽松的学习氛围，使学生对课程的评价方式有清晰的了解，重视学生内在学习动机的激发。②指导学生根据自身的实际情况制定合理的学习计划，既要制定长期的学习计划，也要制定短期的学习计划。此外，教师还要为学生提供丰富的、合适的学习资源，并使学生掌握有效的学习策略。在学生开展自主学习时，教师要为学生个人及班级整体提供有效的学习策略的指导，鼓励学生根据自己的实际情况选择适合的学习方法，并对学生的学习情况及时进行跟进并帮助学生进行学习策略的优化。

2. 慕课在课堂教学中的应用

（1）慕课在外国教育史教学中的作用

首先，慕课环境下能够快速获取外国教育史资料。在传统的外国教育史教学中，学生的史实资料通常是从书籍中获取的，但是书籍的资料比较有限，而且查阅起来也需要耗费一定的时间与精力，很多时候学生往往很难获得真正适合自己的资料。慕课教学使这一问题得到了解决，在网络的辅助之下，学生可以随时随地且非常精准地获得自己所需的教育史资料。此外，学生利用慕课网络针对外国教育史的相关问题展开交流，也能有效地拓展学生的思维。

其次，慕课环境下能够扩展学习空间。在外国教育史教学设计中，教师可以有针对性地选择一些优质的外国教育史慕课，目前慕课平台上有河南大学外国教育史的慕课资源和北京师范大学外国教育史的慕课资源。除此之外，哔哩哔哩网站和网易公开课上也有很丰富的教育资源，通过这些资源学生能更多地接触名校的优质课程，进而激发学生学习外国教育史的兴趣与积极性，促进自主学习能力的不断提升。此外，在慕课平台中，学生可以自主地搜集相关的外国教育史资料，查阅各种优秀的帖子，并与帖子的发起者在线互动，更加拓宽外国教育史的学习空间。

最后，慕课环境下能够优化教学资源，提高教学效果。外国教育史的学习内容复杂多样，从知识点覆盖面来看，覆盖了外国教育史三条线索——教育制度史、教育思想史、教育实践史，按专题来分又分为四大专题——古代文明古国教育史、西欧中世纪的教育、国别教育发展史以及著名教育思想家的全部内容，其内容庞杂，线索互相穿插，教学效果如果只采用传统的课堂教学是很难完成这些教学任务的。而慕课资源有共享性、开放性、互动性等诸多优势，学生借助慕课平台，可以利用碎片化的时间完成基本知识的学习、复习和落实，为课堂的深度学习打好基础和做好准备，可以提高教学效果。

（2）慕课环境下外国教育史课程的教学模式

首先，以慕课教学平台为切入点。教师在开展课堂教学之前，需要和学生做好诸多准备工作，当教师在慕课平台上发布了具体的预习内容之后，学生学习慕课视频，在此基础上按照分组进行讨论，与组员进行交流，积极发表自己的见解，并且主动搜集相关的资料，为下一步的翻转课堂和小组汇报做准备。例如：在进行外国教育史教育思想史专题教学时，讲到蒙台梭利教育思想时给学生推送了河南大学慕课的相关内容；为了便于学生对蒙台梭利教育法有直观的感受和认识，给学生推送了中央电视台 CCTV-9 的专题纪录片——《蒙台梭利小教室》[①]。这是一部法国纪录片《 le maître est l'enfant 》的中译版，导演是 Alexandre Mourot，是世界上首部记录孩子在蒙台梭利教室真实生活情况的纪录影片；同时还通过钉钉平台给学生分享了两篇期刊文章，分别是《我国借鉴蒙台梭利教育法的现状及误区》[②]、《蒙台梭利教育实践在美国的发展及对我国的启示》[③]，以便学生在实践中反思蒙台梭利教育思想，这些都是学生在课堂教学之前应该完成的学习任务，整体构成了感知—理解—思考—运用的闭环场景。

其次，慕课学习环境的构建。学生在预习完成之后，可以将个人预习成果和小组讨论结果上传到慕课平台上，教师则及时在平台中检查学生的学习情况。由于学生在自主学习水平与思维方式上存在不同程度的差异，学生的学习成果和表达水平所体现出的差异也非常显著。教师应当及时发现学生预习和文字表述中存在的各种问题，及时进行指导，引导学生对教育思想的认识走向深入，在这一过程中促进认知水平的提升。与此同时，教师还可以选择一些优秀的发言或者小组讨论作为展示范例，让学生参考与借鉴，使学生积极学习他人的长处，并及时发现自己的不足，进而取长补短，不断完善自己。在评价环节，优秀作业便是平时学习成绩的主要体现，学生在此环节中获得的荣誉感和成就感都会体现在综合考评中，促进学生们互相之间组建自主学习的团体。

最后，慕课平台下外国教育史互助学习模式的实施。在慕课平台下发展外国教育史互助学习模式需要注意两个方面的内容：一方面，教师要积极主动地为学生提供相关资料。慕课作为一种崭新的教学形式，具有高度的系统性，教师应当充分发挥慕课平台的优势，在充分把握学生已有知识的基础上，为学生提供丰富的学习资源，也可以在慕课平台中为学生设置一些相关资料的连接，使学生在需要时可以快速、准确地获取。另一方面，慕课教学对学生的个性化学习非常重视，因此，为了使学生的个性化学习取得更好的效果，

---

① 详见 https://tv.cctv.com/live/cctvjilu/?spm=C28340.P4hQlpYBT2vN.ExidtyEJcS5K.21

② 李婷，董卫花.我国借鉴蒙台梭利教育法的现状及误区 [J]. 延安职业技术学院学报，2009，23(1)：42-44.

③ 刘宝根，徐宇，余捷，陶晓玲.蒙台梭利教育实践在美国的发展及对我国的启示 [J]. 幼儿教育，2008(3)：5-8.

教师应当重视慕课平台中各种资料的整合，使各种资源得到优化配置，从而激发学生学习的兴趣，使学生有用所学理论知识指导教育实践的自觉性和主动性。

第三节　信息化背景下的翻转课堂教学模式

"随着信息化教学的持续推进与普及，翻转课堂逐渐成为高等教育中普遍应用的高效教学模式，其不仅可以提升学生的自主性，而且能够改变传统课堂的形态结构，发挥线上线下融合教学的双重功能"[①]。

一、翻转课堂教学模式的认知

（一）翻转课堂教学模式产生的背景

1. 信息化时代背景

随着信息技术的不断发展，它对人们的影响也深入社会的方方面面。高校教学想要实现自身的改革与发展，也必须搭乘信息技术的东风，提高课堂效率，实现个性化学习，从而逐步提高学生的合作能力。随着社会的进步，人类的科技更为发达，空间技术、电子计算机技术以及原子能技术等的发展促使人类的生产与管理活动更加先进，第三次科技革命使得信息技术获得了飞速发展，并且对社会产生了极为深远的影响。

当前社会处于数字化及信息化时代的转型时期，新技术的发展也给各行各业带来了新的发展机遇，在当前时代，教育领域应该重新审视教育的模式以及方法，并应该将新技术运用到教学中，让教学发挥出更大的实效性，处于信息化的潮流中，教育的目标之一必然包含着让人们拥有获取信息、分析信息、处理信息的能力。在不同的教育方面以及环节，信息技术都会对其产生颠覆性的影响，当前的信息技术不仅仅改变了学生们学习的习惯，并且也将会逐步改变学校教育的模式，所以，当前的学校也应该及时转变教育理念，积极探索信息革命下教育变革的方法与方向。

---

① 葛瑞泉.人工智能背景下翻转课堂模式在高校计算机教学中的应用[J].新一代，2021，25（6）：212.

2. 亟须变革的教育实际

在网络技术发展的背景下，人类社会显然已经步入了信息化时代，在当下，人们不仅仅需要具备专业技能，还应该拥有一定的信息化能力，如应该掌握各种信息技术，并且能学会处理各种突发状况；应该拥有自己独特的想法，而不是随波逐流；应该积极学习新的事物，而不是故步自封等。因此，当前教育的目标与以往相比显得更为丰富了，也更加重视个人的成长。

3. 求知创新的社会需要

当前社会的生活节奏较快，并且对每个个体都提出了更高的要求，在当前时代，人们要快节奏地学习各种新鲜的事物，并且也需要做一个积极的求知者，因为不论是谁要想不被社会淘汰都应该保持随时学习的能力，这样才能适应瞬息万变的社会发展，去应对未来的不确定性。人们需要紧跟时代的步伐，在新的社会背景下重新审视自己的工作与生活，当前社会所需要的不仅仅是具有知识与技能的人才，还对人才的学习能力、发展潜力及创新能力等提出了更高的要求，这就促使教师重新审视教育问题，怎样去培养学生，才能让学生获得更好的发展。

4. 学生的差异化需求

不同的学生个体之间都是独特的，并且都存在着差异，这些差异主要表现在以下方面：

（1）认知差异。认知方式又被称为认知风格，是学生在组织以及加工信息的过程中所表现出来的个体差异，其实质是个体在感知、思维、记忆等认知过程中所表现出来的不同的态度与方式。例如，部分学生喜欢在安静的环境中去学习，但是对于有些学生而言，那些嘈杂的环境也并不影响他们的学习进度；有些学生拥有极强的逻辑思维能力，但是有些学生却擅长形象思维，学生的认知风格是各有差异的。

（2）学习风格差异。学习风格是不同的学生在学习过程中喜欢并习惯了的学习方式，代表的是不同学生学习策略以及倾向的总和。不同学生的学习方式是不同的，学习风格并没有好与坏的区分，和智力也没有多大的关系，不能单纯地去定义学得快的就一定好，学得慢的就一定不好。对于不同学习风格的学生，他们对知识点的掌握也是有差异的。在传统的课堂上，部分学生并没有足够的时间去吸收课上的知识，但是知识的内化显然是需要一段时间的，如果给那些学得慢的学生足够的时间去消化所学的知识，他们或许会拥有更加牢固和长久的记忆。

（3）学习动机差异。学习动机也属于一种非智力影响因素，包含学习的兴趣、学习的意志力等，能够起到维持和激发学生学习的作用，学习动机并不会对学生的认知过程有直接的影响，但是会间接地增强学生的学习效果。例如，有些学生拥有较强的学习意志力，能够在一段较长的时间内保持良好的学习状态，所以在教学的过程中，教师应该关注不同学生学习的非智力因素，根据学生的差异，制定出不同的学习目标，让学生获得个性化的支持与指导。不同的学生个体都存在独特的认知方式，这些特质结合在一起就构成了不同的学生个体，在这个重视个性的时代，教师就应该善于发现学生的个性，并让其得到最大限度的发展。

（二）翻转课堂教学模式的特征

翻转课堂下的学习则将课堂变成了教师与学生以及学生与学生互动的场所，知识的获取是通过课后看视频获得的，这样就可以让学生有足够的时间去内化课堂知识，通过课堂的讨论，学生也会对这个知识点有更加深入的认知。翻转课堂是由教师创建教学视频供学生在课前观看，在课堂上通过师生的面对面交流从而让知识得到传播的一个过程。作为一种新型的教学模式，翻转课堂实现了对传统教学结构的重构。翻转课堂教学的特征，如图5-4所示。

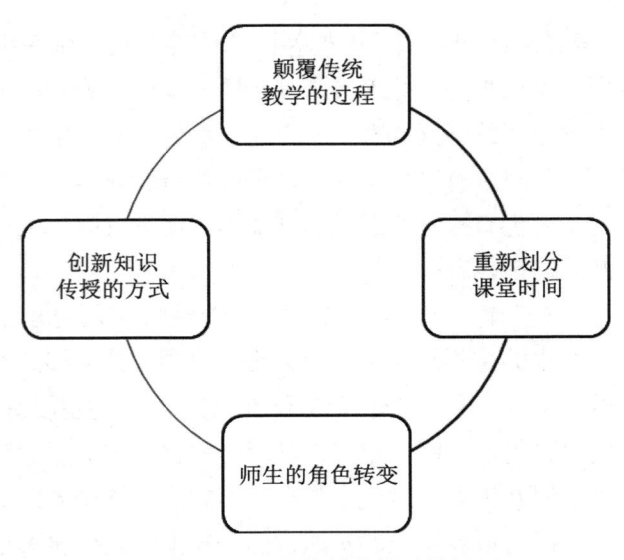

图5-4 翻转课堂教学的特征

1. 颠覆传统教学的过程

与传统课堂相比，翻转课堂最大的特征是颠覆了传统的教学过程，在过去，教师是在课堂上讲解各知识点的，学生则选择在课下完成教师布置的作业，显然，知识的传授是在课堂上进行的，知识的内化环节是在课后完成的。

但是在翻转课堂模式下，学生会在课前提前观看教师发布的教学视频，从而完成知识的学习，显然知识的内化过程是放在课前完成的；在课堂上，学生就会向教师请教一些不明白的问题，教师就会给出有针对性的指导。除此之外，学生还可以通过小组讨论的方式实现对知识的内化，从而达到学以致用的目标；在课后，学生就会借助各种教学资料实现对所学知识的巩固与深化，翻转课堂已经颠覆了传统的教学过程。

2. 重新划分课堂的时间

在翻转课堂模式下，教师所占用的课堂时间变少了，学生拥有了更多的学习活动时间。在传统教学模式下，教师占据了大部分的课堂时间用来讲授各知识点，学生处于完全被动的学习状态，但是在翻转课堂中，课堂上的大部分时间留给了学生，他们可以通过相互讨论加深对知识的理解，也可以获得教师更加具有针对性的指导。原本在课堂上讲授的知识被转移到了课下，但是却没有减少学生学习的知识量，并且还增加了不同学生之间的交流，这一转变显然可以提高学生对知识的理解。除此之外，教师在评价学生的时候，也会将课堂中的交互考虑在内。根据教师的评价，学生可以及时了解自己的学习情况，更好地掌握相关知识，在翻转课堂模式下，需要教师重新分配课堂时间从而实现课堂时间的高效利用。

3. 师生的角色转变

在教学的过程中，教师与学生的角色已经发生了变化，此时学生已经成了学习的中心。在学生需要指导的时候，教师应该给他们提供必要的支持。显然，教师成了学生获取资源、处理信息的帮手，这就意味着在当前的教学模式下，教师已经不再是课堂的中心，其已经变成了教学的积极支持者，并且教师也需要提高自身的能力从而应对教学环境的转变，如教师应该学会制作视频资源，学会更好地管理课堂等。在完成某一个单元之后，教师需要检测学生知识的完成情况，学生也能对自己的知识储备有一个大致的把握。

在传统课堂的课后知识内化过程中，如果没有得到教师的支持，那么学生往往会有一种挫败感，长此以往就会丧失学习的兴趣。在翻转课堂模式下，学生摆脱了传统模式下被动接受知识的角色，成了知识意义的主动建构者，他们完全可以根据自己的步调选择学习的进度，对于难以理解的地方可以通过反复观看视频直到自己弄懂为止。在课堂上，学生也可以参与课堂中，与教师以及同学一同完成某一任务，显然学生的角色变为了知识的主动探究者。

4. 创新知识传授的方式

在翻转课堂中，教学视频是组成课堂的最重要的部分，教师应该提前准备好各种教学视频以供学生学习。对于教学视频的讲授而言，所针对的往往是某一个特定的主题，所用的时间比较短，大多数会维持在 10 分钟以内。在观看视频的时候，学生可以随时按下暂停键，也可以选择重播，学生就可以根据自己的进度控制学习进程。在课前观看视频，学生的学习氛围会更加轻松，不需要像在课堂上那样紧张，也不必担心会遗漏各种知识点，以视频呈现为主的讲授方式还有利于学生课后对知识的巩固。

（三）翻转课堂在教学中的优势

1. 改变职师生角色定位

在传统教学模式之中，教师在课堂中的角色定位属于课堂中的传播者和讲授者，属于课堂教学中的核心角色，这也使得学生在学习中处于被动地位。在传统课堂目标设定过程中，教师会在固定的时间和空间上将知识全部传授给学生，确保学生可以对更多的知识进行获得。但在这种教学模式的影响之下，学生的主观能动性无法得到有效发挥，学习效果也无法得到提升。在翻转课堂的影响下，学生可以通过视频对相关学习内容进行了解，从而掌控学习进度。

2. 有利于学生自主学习能力的培养

在翻转课堂作用下，传统教学中的"教"和"学"顺序发生了颠覆。从心理学角度而言，学生在学习中主要会经历知识传授和知识内化两个过程。在传统教学模式中，教师主要在课堂上进行知识讲授，学生通过课后练习和作业对所学知识进行内化。在翻转课堂之中，学生的知识内化过程会得到教师的陪同和参与，学生在遇到困难时，可以得到教师的帮助，真正做到知识的内化和巩固，最终实现教学和学习效果的有效提升。总而言之，翻转课堂对时间和空间两个维度进行了有效翻转，建立了"先学后教"的教学新模式。

3. 促使教师提升信息化的教学技能

在"互联网+"教学时代的影响之下,教师需要对各种信息化教学技能进行掌握,教师想要对翻转课堂模式进行应用,必须掌握信息化教学技能,如微课制作、教学内容设计、虚拟仿真设计等,并根据学生反馈情况,对课堂组织能力进行提升。为了完成微课教学视频内容,教师应对信息化教学技术进行研究和学习,从微课程、网络课堂等角度入手,对教学内容进行不断修改,最终实现教师信息化技术的全面提升。

二、信息化背景下翻转课堂教学的设计

(一)信息化背景下翻转课堂教学设计的要素

在设计教学系统的时候,应该明确设计的基本要素,包括教学目标、教学内容以及教学方法等。翻转课堂是对传统课堂教学结构的颠覆,它改变了传统的教师为中心的教学观念,更加侧重信息技术的使用,并且对学生自主学习能力及协作学习能力等都做出了具体的规定。信息化背景下翻转课堂教学设计的要素,如图5-5所示。

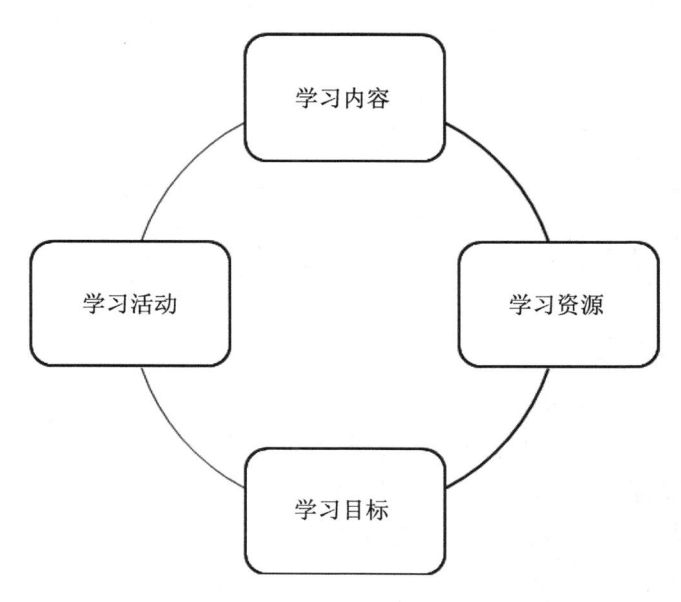

图5-5 信息化背景下翻转课堂教学设计的要素

1. 学习内容

学习的内容是通常意义上的教学内容，按照知识量的多少，可以将教学内容进行细分，如一门课程、一节课或一个知识点，知识是由多个知识点构成的，知识点是构成教学内容的最小单位。在传统的教学模式下，教师主要依据课程的标准去确定教学的重难点，并且在讲授各种知识的时候也主要依靠教材上的顺序依次进行讲解，但是鲜有教师将知识点进行整合。在翻转课堂模式下，这些知识点学生已经在课下提前学过了，所以就改变了课堂的目标，这显然就需要教师花费精力，对知识进行重新划分以及整合。

在翻转课堂模式下，教师在设计教学内容的时候可以遵循"拆分—整合"的顺序，将不同单元里的知识点摘取出来，并将其进行仔细分类，这样就利于学生明确不同知识点之间的内在联系。教师也应该纵观教学目标，将这些知识点放在合适的时间给学生讲解。在录制相关教学视频的时候，教师就可以专题的形式组织各知识点，也可以按照教材的顺序对其进行重新排列，将各知识点融入不同的任务中。

2. 学习资源

在学生学习各项活动的时候需要相关材料的支持，教师就可以将这些材料称为学习资源。如果教师为学生选择合适的学习资源，那么显然可以降低学生的认知负荷，提高学生的学习效果。按照来源的不同，可以将学习资源分为三类：①原创资源，是由教师根据教学的需要自己创造出来的那些学习资源；②引用资源，这类资源不是教师独创的，而是根据教学需要借用的其他地方的资料，这些资料往往是作为辅助性资料使用的；③生成资源，在教学的过程中所产生的与学习相关的资源，包括学生的记录及反思等。

3. 学习目标

在开展教学设计的时候，应该明确教学的目标，并发挥出教学目标的导向以及控制功能，让教学活动在教学目标的指引下向着正确的方向进行。在对当前的翻转课堂进行分析之后，教师可以将学生的学习过程大致分为两个阶段：①课前知识的内化阶段；②课堂知识的内化阶段。在教育目标分类的指导下，教师可以将第一个阶段的重点放在记忆与理解上，对于第二阶段，教师应该将其看作知识的应用阶段，由此可见，第二个阶段的学习能有效提高学生对知识的应用程度。

4. 学习活动

学习活动是师生行为的总和，一般情况下也可以称之为教学活动，此处用学习活动的目的在于凸显翻转课堂以学生为中心的原则。教师可以将翻转课堂中的学习活动划分为两类：①课前自主学习活动；②课堂交互活动。在课前，学生可以通过自主学习相关知识，提出一些与学习相关的问题，在课堂上就可以与同学就这些问题开展讨论，讨论的环节不仅能提高学生的口头表达能力，还利于学生思维的锻炼。在开展各项学习活动的时候，应该遵循各项学习任务的指引，让学生开展更为高效的自主学习以及合作学习。

（二）信息化背景下翻转课堂教学设计的过程

1. 突出活动设计宗旨

将翻转课堂融入教学中需要重视学生自主学习能力的培养，所以在开展活动设计的时候要做到和而不同。在课前准备环节，可以将学生分为多个小组，每个小组的人数在四人左右，教师可以定好教学要点让学生以组为单位进行学习材料的搜集；在课中，可以让学生展示搜集到的内容，不同小组之间可以取长补短，从而使学生的知识体系更加完善。

需要注意的是，在分组的时候应该遵循差异化的原则，让小组内成员实现优势互补。之后，小组内部可以推举出小组长，让他进行材料的整合以及各种问题的总结，这样就可以做到分而不乱。自主学习的开展费时费力，最理想的开展自主学习的时间是寒暑假，因为此时学生拥有大量的时间，在假期开始之前，教师就可以把任务提前布置下去，各小组的成员也应该做好提前安排，这样就可以让学生拥有更加充裕的学习时间，从而更合理地安排自己的学习内容。

2. 课前明确准备要求

对学生而言，翻转课堂拥有强大的自主性，在课程开始之前，教师就应该将本次课程的具体要求向学生阐明：①在课前，教师应该准备好丰富的学习资源供学生使用，如参考书、教案、相关的学习视频等。在完成资料的初步筛选之后，应该将合适的学习资源上传到网上，让学生能自主观看。在学生开展自主学习之前，教师需要将本节课的学习任务向学生阐述明白。在完成课前任务之后，教师就应该汇总学生学习时遇到的问题，及时做好答疑解惑。②学生应该对教师所安排的任务有清晰的了解，不仅需要教师提供多样化的学习资源，还需要学生充分利用学习计划表，将自己在学习过程中所遇到的困难记录下来。

3. 课中进行学生展示

课堂是学生展示自我、实现知识内化的主要途径，在课堂上，学生可以将自己搜集到的各种资料以多元化的形式展示出来，并且还可以在课堂上阐述自己的看法。教师可以为学生构建多种教学情境，从而形成良好的学习氛围，让学生的学习兴趣得以激发，从而主动去构建新知。学生之间也可以通过交流，让他们实现对材料的内化，彼此深入的交流也能让学生参与到具体的教学情境中，并对知识产生更深入的了解，这样可以极大地激发出学生的学习积极性。通过协作学习可以逐步培养学生与人交往的能力，这是翻转课堂倡导下的主要学习方式，学生可以小组为单位一起进行学习，并且在课堂结束之后派代表进行汇总发言。

4. 课后升华学习成果

教师可以将学生课前搜集资料的阶段看成是其知识的储备阶段，在课堂上，不同的小组成员之间可以通过相互交流实现知识的内化。在翻转课堂模式下，教师还是会以作业的方式进行学习成果的验收，之后，教师会在课后对学生提交的作业进行评价，从而明确不同学生对知识的掌握程度。

第四节 线上线下融合的教学模式

一、线上线下融合教学模式的特征

要发挥好线上线下混合教学的作用，除了把握好改革目的外，还有一个重要前提就是要深刻理解和认识其内涵和特征。首先，目前学术界关于线上线下融合的称谓有多种，如叫线上线下混合式、线上线下教学资源融合的混合式、线上线下融合、线上线下双向融合。其次，在具体内涵上，其阐释不尽相同，包括：①混合式教学模式是线上教学与线下课堂教学取长补短、优势互补，进而有机整合，既能使教师主导作用得到有效发挥，又能使学生主体地位得到充分展现,从而达到最优的教学效果;②线上线下融合式教学就是教师借助不同要素,诸如信息化环境与工具、数据与反思、各种资源与内容等,通过独立或合作的方式,对线上与线下优势进行有效整合、提高教学效益的一种教学方式;③线上线下混合式教学模式是充分利用信息化时代时间的碎片化和知识获取的多元化途径,有效结合传统线下教学与数字化教学的优势,从而构建以能力培养和解决问题为导向,提升高等教育质量的新型教学模式。

本书认为,尽管叫法不一,但是其内涵基本是一致的,即利用信息化技术,统筹线上线下两种资源优势实现优势互补,并突破时空限制,发挥学生和教师的能动性,最终提升教学效果的一种新型教学模式。综上所述,线上线下融合教学存在以下特征:

第一,系统化。线上线下融合教学涉及的主体不仅仅是教师和学生,还有其他辅助机构和人员;其涉及的教学资源也包括教学视频、随堂测试、课程论坛、资源储备、评价标准等,课程知识体系需要重构、学习方式和知识获取路径需要重构,这些都需要我们摒弃碎片化的管理方式,从系统化视角来构建线上线下混合教学新模式。

第二,信息化。线上线下融合教学涉及的学习资源依赖于信息化手段获取;学习过程中的考核与质量诊断依赖于信息化方法实现;教学过程中教师与教师之间的协同、教师与学生之间的协同需要依赖于信息化手段实施。

第三,开放化。线上教学的一个优点就是突破了线下教学班级行政化的束缚、时间和地理距离的限制,从而共享优质教学资源。线上线下融合教学突出延伸了传统课堂的时空距离,让课堂内容得以丰富和拓展,实现了因材施教。这些都体现了线上线下融合教学资源的开放性和教学手段的开放性。

二、线上线下融合教学模式的路径

第一,不宜过分夸大线上教学的优点而忽视线下教学的积极作用。线上教学的优点得到广泛共识,这也是其得以广泛推广的重要原因。然而相较传统课堂教学,线上学习时教师不容易通过学生情感和学习行为的直观表达或反馈来发现其存在的问题并给予有效的指导,这是线上学习平台普遍面临的一个问题。尽管线上教学也有着很好的互动环节,但是从沟通层面来看,线上教学相较于线下教学增加了沟通的中间环节,导致沟通信息存在失真的情形,降低了沟通效果。而且,沟通不仅仅体现在正式的文字或者语言,还表现在肢体、情感、倾听等，特别是交流的氛围和环境对沟通效果也有着重要作用，这些都是线上教学难以达到的。其次，还应该考虑到不同课程的特点。例如，对一些数理类课程而言，板书可能更有利于学生掌握公式的推导，因为学生如果过于依赖电子资料，反而在课堂上注意力不集中；对一些需要团队展示的课程，更需要线下课堂的集体互动。因此，我们需要正确认识线上线下教学各自的优缺点，它们不是非此即彼的，而是一种相辅相成的关系，取长补短，这也是我们要实施线上线下融合教学的原因。

第二，正确认识线下教学缺点的原因。传统线下教学存在不少缺点，然而有些缺点是一些其他客观原因导致的，而不是这种教学模式本身的问题，因此有必要对这些原因进行鉴别，这对线上线下混合教学的有效开展也至关重要。例如，有文献指出传统的课堂教学还停留在填鸭式教学上，然而我们知道，按照一般教学计划安排，如生产运作管理这门课额定课时是48～56学时（依学校而定），而实际教材所蕴含的授课内容远远不止这些学时，因此很多教师课堂授课往往倾向于填鸭式教学，以完成授课计划为目标，这极易导致有限的课堂时间缺乏有效互动。

第三，正确认识到教学过程中的关键是人，要充分发挥人的主动性，而不能过度依赖物。教学效果的高低不仅仅取决于教学手段，更重要的是取决于人的能动性，即要激发教师的教学热情及学生的学习兴趣：①要让教师和学生充分认识到线上线下融合教学的优点，从而在日常的教学活动中充分利用资源，建好的资源束之高阁就发挥不了作用了。②线上资源从根本上而言还是由教师团队建设的，其质量好坏也依赖于教师（团队）。③线上教学主要为丰富学习资源、拓展学习途径、突破时空限制等提供了一个平台，然而学生是否能课后复习或与教师积极互动还是未知数。④线上教学在便利学生的同时，也带来了惰性，例如，有些学生课堂上不再积极记笔记；有的学生存在搭便车想法。⑤新的教学模式给教师带来教学便利的同时，也给他们带来了压力，例如，教师需要根据统计数据来监督学生的学习状况、要投入更多精力来完成线上资源的设计和创作、要掌握各种平台的使用、要投入更多的时间在课外接受学生的问答等。因此，任何教学模式改革的关键是内在的人而不是外在的物，物可以带来教学的便利，但无法决定教学的效果。高校教学管理部门在线上线下教学新模式改革中要充分发挥教师和学生的主体作用和能动性，而不是片面地认为构建了好的学习平台就一劳永逸了，否则新模式仍然无法充分发挥其作用。

综上所述，线上线下融合教学成为线上和线下优势互补提升教学质量的一种必然途径，因此如何有效实现线上线下融合也成为理论和实践中越来越受关注的课题。理论指导实践，在具体实施线上线下融合教学之前，应该思考这几个实际的问题：线上线下融合教学模式改革的根本目的是提高教学质量；其具有系统化、信息化、开放化的特征；不宜过分夸大线上教学的优点而忽视线下教学的积极作用，正确认识线下教学缺点的原因，要充分发挥人的主动性而不能过度依赖于物。只有这样，才能在教学实践中实事求是，不会本末倒置，从而充分发挥线上线下融合教学的功能。

第六章　信息化背景下的教育教学管理

在教育信息化建设的新形势下，高校提高自身的信息化教学管理水平就显得越来越重要。本章重点探讨信息化背景下教师教学与教育管理路径、学生学习管理工作实践、"双减"背景下高质量教育生态与治理体系构建、双减背景下在线教育智慧治理框架构建与实践和法治副校长制度探索与实施。

第一节　信息化背景下教师教学与教育管理路径

一、信息化背景下的教师教学方式

（一）情感驱动教学方式

学习与社会文化背景息息相关，在信息化教学过程中，要积极运用多媒体技术，营造数字化的学习环境和氛围，不能仅仅依靠多媒体技术来教学，还需要教师主动创造数字化学习情境，让学生设身处地地感受到信息化教学模式。情境创设的目的在于推动情感化教学，因此培养学生的学习兴趣，有助于激发学生学习的内在动力，所以情景创设不仅为教学提供了数字化环境，还能发挥情感驱动的作用，激发学生的学习热情和兴趣。

（二）知识点切入教学方式

信息化教学中并不是所有的内容都适合利用信息技术来呈现的，信息技术的使用应结合课程内容和教学目标，寻求信息技术与学科知识融合的关键点，围绕教学内容的核心和难点，积极开展知识总结、阐述和归纳等环节，将利用信息技术应用到学科教学中，以充分发挥信息技术的功能与优势，拓展教学内容和资源,从而更好地因材施教,调动学生的学习热情和积极性,进而提高教学效果。

(三)思维训练教学方式

思维训练是开展教学的核心内容,教师应当在信息技术的帮助下组织适宜的教学形式,从而开展教学。与其他教学方式不同的是,思维训练教育法更侧重培养学生的思维品质和创造性思维,主要以提高学生创新意识和能力为首要教学目的。例如,在数学基本算法学习上,教师可以通过教学软件,为学生提供动手操作、自主探究问题的机会,进一步帮助学生理解基本算法的思想,从而有效地锻炼学生的思维。

(四)实践感知教学方式

很多课程受到教学设备、教学工具和手段等诸多条件的限制,无法使学生深刻领悟理论和原理。这时信息技术的优势便显而易见,教师运用信息技术为学生创造虚拟的学习环境,用丰富的教学资源为学生建立起成熟的知识体系,从而帮助学生构建自己的学习网络,并通过仿真技术制作教课课件,在仿真的环境中,为学生提供全部感官参与的学习氛围,使学生通过身临其境的感受来探究实质、感知事物、领悟概念和掌握原理。

(五)自主与协作学习结合教学方式

信息化教学是当今深化教育改革的重要手段之一,这种教学模式能更好地将自主学习和协作学习两种模式进行结合,取得更优的学习效果。在信息化教学过程中,老师应当给予学生一定的自主学习时间,营造良好的自主学习环境,并事先提出教学问题让他们进行自主学习;当学生对所提问题都有了自己的观点之后,可开展小组教学,通过小组间的协作达到沟通和交流结论的目的,这样既提升了学生的自主学习能力,也强化了沟通和交流的能力。

在开展自主学习和协作学习环节时,教师应提前设立好教学目标和教学内容,采取最适宜的教学方案来呈现教学内容。之后,可以通过下发学习任务,让每一位学生或每个学习小组通过方法或工具来完成学习任务。在此基础上,学生可根据教师所提供的教学资源或多媒体网络进行二次信息整合和收集,根据学习任务的难度和复杂程度开展不同级别的协作和自主学习,由此来推动个性化教学和因材施教的授课模式,二者结合的教学环节既强化了学生分析信息、加工信息和整合信息的能力,也对激发学生的学习主动性和热情提供了很大帮助。

二、信息化背景下基于大数据的教育管理路径

（一）明确大数据教育管理发展原则

高校信息化背景与教育发展的制度改革、平台设计、管理模式和人才队伍建设息息相关。大数据教育管理的发展需要遵循以下原则：

1. 以人为本的原则

高校信息化背景下基于大数据教育管理具有属人的特点，无论是大数据教育管理中的隐性文化培育，还是教育管理物理设施建设或软件系统开发应用等方面，都要坚持以人为本的原则。首先，建设平台是首要目的，各大高校应当积极完善大数据教育背景下的基础设施，为学生提供良好的物理学习空间和网络学习空间，建立起线下与线上相结合的学习模式，但在这个过程中，要始终体现学生为教学主体的根本原则。其次，各大高校应当积极开发大数据教育管理软件，引进先进的教学系统，最大程度地执行以人的主动性和维护人的尊严为根本标准的制度，鼓励学生自由发展和个性化发展。最后，高校大数据教育管理文化不应局限在文化教育上，还应当加入适量的人文关怀，放大人的价值和人的尊严，防止以人为本的初心被大数据技术所扭曲和丑化。各大高校在建设数据文化过程中要注意避免大数据主义的影响，这就需要各大高校在使用大数据便利的同时将负面影响降至最低。

2. 疏堵结合的原则

各大高校在运用信息化大数据技术时也应当注意开展教育管理工作，在当今这个多元化的信息时代，大数据既可以提供丰富的教学资源，但同时又给教育管理工作带来了更多的挑战。由于当前的设备系统无法识别信息的属性，因此在学生浏览教学资源的同时也会被一些不良的文化观念所影响，而这就要求高校的数据技术具有一定的水平，从而阻截一些不良言论，对于错误的思想和行为，必须利用大数据技术的预警优势，做到早发现、早预防、早治理，争取提前解决问题。

3. 扬长避短的原则

信息化背景下的教学模式既给高校教育管理工作带来了机遇，又带来了挑战。总而言之，大数据技术的广泛应用提高了高校教育管理的整体水平，

各种各样的机遇和变革往往大于所带来的劣势,针对大数据技术的双面性,各大高校应当提前制定应对战略、规划和决策,及时发现问题并解决问题。高校在应用大数据技术时,应当始终秉承促进民主、公平、平等、自由的大学文化建设理念,利用大数据的及时性、互动性和动态性促进师生和谐关系。除此以外,还要积极运用大数据技术的预警信号来提前预判教育管理动态发展方向,做到扬长避短、防患未然,而且大数据技术的先进性可以进一步保护教育管理信息的安全,同时对于大数据可能泄露隐私等影响也要提前防范。

(二)构建大数据教育管理顶层设计

在高校大数据教育管理新范式建立过程中,加强顶层设计,建立相应体制机制是关键。互联网技术所带来的变化是关于组织政策、所提供服务类型、财政预算与支出、内部工作流动与工作行为、互联网技术应用成果等方面的转变。顶层设计具有长远性、战略性、科学性的特点。科学的大数据发展规划(互联网技术发展规划)、完善的大数据发展机制(互联网技术发展机制)及民主的治理模式,是大数据教育管理成功的重要原因,这对我国高校大数据教育管理有着重要的启发意义。

1. 明确战略的规划

信息化背景下基于大数据的教育管理发展战略规划,是高校在现有条件和未来条件下,为更好地实现战略既定目标所采取的措施。我国高校要加强大数据教育管理发展的顶层设计,就必须要制定学校大数据发展战略规划,这样才能做到胸有成竹。高校互联网技术战略规划的两大关键问题是资金来源及决策机制,在资金来源方面,构建全校性的以集中为主、适当分权的长效互联网技术投资机制,以保证资金的高效分配和投资;在决策机制上,采取多群体参与的互联网技术治理结构,从互联网技术治理结构、多用户参与的互联网技术评估体系(院系主任、行政主管、教师、研究者、管理者、互联网技术员工、研究生、本科生代表)、首席信息官(Chief Information Officer,CIO)身份与角色定位三个方面来解决。基于用户主导、各群体广泛参与、民主治理的模式,互联网技术战略规划成为全校性的共同愿景,从而降低在实施过程中来自用户的阻碍。高校大数据教育管理变革是一场自上而下的变革,这要求我国高校管理者在制定大数据战略规划的时候,要用战略的眼光、可持续发展的原则和开放协同的思维去行动。高校大数据教育管理发展要以建设"绿色、节能、智能、高效"的智慧校园为目标,对利益分配、资源统筹、平台搭建、治理结构、评价激励等方面进行精心设计和规划，要突出人与技术的深度融合，体现"技以载道"的技术智慧和技术人性，要激发各方参与的积极性和主动性，最终促进高校教育管理质量和效益的提升。

2. 落实组织的领导

为了保证教育信息管理机构的专业性和规范性，我国先后成立了中华人民共和国信息化领导小组和教育信息化专家组，用来规范和指导全国教育信息化推进工作，各大高校也应当积极响应国家号召，在不同类别和级别的校园内建立起校园首席信息管理制度（CIO），并指派学校领导担任首席信息官，以全面掌控校园内信息化的发展战略和布局，明确教育信息化行政职能管理部门、信息技术支持部门和业务推进部门之间的合作，明确各个主体在教育信息化建设过程中应尽的责任和义务，逐渐完善教育信息化和网络安全责任制度，保证校园教育信息化的有序推进。各大高校要把信息技术和教育教学紧密结合起来，全面贯彻信息化、智慧化、现代化的管理理念，引领学校教育改革发展。为了能更好地服务师生，校领导组织机构要重新调整责任布局，将信息化部门从单一技术管理向管理与技术两者并重的方向进行转变，加强海量数据的过滤和分析，以充分发挥信息技术的使用价值。

目前，首要的任务是各大高校要快速探索学校首席信息管理的发展模式和运行体系，搭建高校信息化建设、系统平台、推广应用和业务协调等工作统筹安排，并在二级学院、单位和部门等设置专职人员进行维护，努力将信息化嵌入高校的每一个单元中。之后，再尝试推进信息院制度、学院试点制度的建设，严格秉承首问责任制制度，指定人员担任该组织的领导人物，全面指导和统筹本单位信息化的发展与推进。为了能更好地实现资源重组，就要大力推进利益重组与流程再造等相关工程，在该组织的领导下，才能真正实现重组的目的。无论是独立还是兼职设置CIO，各大高校应当结合自身实际情况，运用不同的管理模式，针对性开展统筹规划，这样才能真正意义上实现智慧化的管理模式。

一名优秀的高校CIO需要具备较高的统筹管理能力，包括信息化教学能力、系统规划能力、课程改革领导能力、教师发展领导能力等，在工作上更要积极主动地推进改革建设，不能一味地依赖各个部门推出的发展方案、依靠业务部门的反馈来决定发展方向、依赖下属汇报的问题来改变规划方案等，而是要积极主动地做出决策，提高自身的影响力。此外，高校CIO还要及时关注技术发展和业务更新，互联网技术改革在持续不断地进行着，这就要求 CIO 具有一定的嗅觉和灵敏性，及时关注业务运营、业务转型和业务增长等方面，从而为高校的整体发展进行指导和工作部署。之后，高校 CIO 可以在原有的基础上进行变革管理，推动工作创新。简而言之，高校 CIO 对学校的整体发展起到直接影响作用。无论是技术创新还是应用创新，都要主动发起变革，锁定发展目标，及时推进项目进程。

3. 明确发展的架构

高校教育管理课程的整个发布过程是流水线型的，从课程登记到课程资源准备和设计，到内容的格式化和标准化、建立课程站点、初步评价、阶段发布、故障排除和完善等，各环节紧紧相扣，流水线化能够保证工作效率的提高，降低项目运作成本，并且分工和协作合理，从而整体推进了工作进度。同样，我国高校大数据教育管理发展必须要有一个清晰的架构，才能使数据采集、管理、使用、维护等各环节衔接有序、运转顺畅，从而促进学校各项事业可持续发展。我国高校制定符合学校定位与发展实际的大数据发展规划。坚持业务导向和问题导向，坚持建设与运维并重，要提出具体明确的大数据发展战略规划目标，要在广泛调研基础上任务聚类，要提高制度建设、规划方案的科学性和可操作性，考虑全员的利益，加强需求调研，促进师生的广泛参与，提高规划的科学性、决策的透明性，从而提高数据中心的建设效果。

（三）完善大数据教育管理制度规划

高校大数据治理制度建设应从"规范"和"促进"两个维度进行：一方面，要通过法律法规促进大数据利用和交易规范化，从而保护个人隐私、保护数据安全；另一方面，要通过法律法规促进高校教育资源共享平台、数据平台的建设和开放。

1. 构建健全大数据制度体系

高校要以大数据制度的制定为契机，推动教育管理制度体系的整体变革。在高校大数据制度生态中，包括两类制度：一类是规范制度；另一类是促进制度。近年来，我国绝大部分的"211"高校都制定了学校大数据管理办法。例如，西安交通大学发布实施了《西安交通大学信息化数据管理办法》，对数据的管理机构和数据的产生、运维、存储、归档、使用及服务等管理过程进行详细规定，坚持统一标准、全程管控、安全共享的原则，保证信息化数据的完整性、规范性和一致性，为学校教育管理提供高质量信息服务；《清华大学校园计算机网络信息服务管理办法（试行）》《北京大学慕课运行管理条例（试行）》《中山大学信息网络管理规定》《华南师范大学信息系统数据管理办法》等都体现了高校对大数据管理规范化、科学化、安全化的共同诉求，这些制度都是规范高校大数据教育管理的制度。还有高校大数据教育管理的促进制度，包括对教师拥抱大数据技术和教育改革热情的保护、激励制度，师生实时、完整、真实而准确采集信息的鼓励制度等。

现如今，我国高校的规范制度仍然处在探索阶段，目前已经执行的大数据教育管理制度仍然存在一定的缺陷，在完整性、系统性、规范性和稳定性方面都存在不足，各大高校为了快速解决这些问题，纷纷投入较多的精力和成本，甚至成立了专职研究管理综合信息系统和部门，在采集数据和整合信息方面都花费了大量的人力和物力，但实际上，这些工作仅仅扩充了数据库的资源，并没有起到方便学生学习和生活的作用，反而违背了大数据教育管理"高效、快捷、方便"的原则。比如，高校在毕业时期会要求学生撰写指定级别的论文，同时将这些论文或期刊会以扫描形式传入研究生管理综合信息系统，但是在毕业资格审查时，仍需要学生将原稿件交到教师手中，这样循环往复耽误了时间且浪费大量资源，产生这种情况的原因有以下三种：第一，论文综合信息管理系统存在较大的缺陷；第二，学校管理人员对论文系统不信任，也对学生缺乏信任；第三，学校教师或管理人员观念较为传统，认为纸质论文比电子化更重要。但其实无论是哪种原因导致这样的结果都在很大程度上削减了学生对大数据应用平台和软件系统的好感，阻碍了高校大数据教育管理的可持续发展。所以各大高校应当结合自身发展情况，制定相关制度，在不违背国家法律法规的基础上实行制度创新，规范大数据教育管理模式，保持管理制度的稳定性和可持续性，从而大力推进大数据教育管理的深化改革。

2. 处理大数据建设相关争议

当今高校大数据管理体制主要涉及公布体制、审查制度、存储制度、采集制度、使用制度和安全制度等，形成完整的制度体系需要较长的时间。然而，各大高校的水平有限，建立这些制度仍然存在较大的困难，在探索阶段遇到的问题主要包括以下六点：

（1）采集制度方面存在一定的缺陷。在告知数据生产者和履行义务方面存在争议。

（2）存储制度方面存在一定的缺陷。由于各大高校的水平有限，在存储期限方面存在较大的争议，无法界定数据的属性和类别是当今一大难题，在哪些数据需要设定短期存储、中期存储、长期存储、永久存储等方面没有明确的规定，仅仅依靠主观评估，是无法决定保存期限与数据价值的，而有关数据价值也没有明确的界定。

（3）公布制度方面存在缺陷。在公布制度时存在数据之争、安全之争、质量之争、价值之争、虚实之争等。

（4）使用制度方面存在缺陷。高校无法界定哪些数据的使用是需要缴费的，如果无偿使用，则会导致高校损失一定的资金，但有偿使用又会违反教育的公益性，也对数据的流转和传播有阻碍作用。

（5）审查制度方面存在缺陷。由哪些部门进行数据审查仍然存在争议，无论是业务部门、技术部门还是第三方审查机构都无法保证数据的质量和准确，但若由第三方审查或技术部门进行数据收集，又会由于业务的陌生导致技术层面出现问题。

（6）数据安全制度方面存在缺陷。目前没有明文规定人防和技防谁更具有安全性。最保险的方式就是将二者进行结合。高校所制定的数据安全管理办法，包括以下几点内容：建立完善的数据安全管理部门；建立数据资源风险评估制度和保密制度；与安全可信的三方公司进行合作，提高生产设备的安全性和可靠性；积极运用数据加密、数据隔离、第三方实名认证、时限恢复、行为审计、完整备份、数据迁移、安全清除、外围防护等多种安全技术。高校应当高度重视以上这些大数据制度存在的缺陷，并积极解决，否则会导致大数据背景下的教育改革停滞不前。

3. 加快制定大数据有关标准

高校应积极推进学校基础建设，统一数据标准，广泛应用区域教育云等模式，在各种信息技术的帮助下，逐渐形成数据集成化管理体系，从而为教育教学和管理的教育云服务体系提供保障。数据的价值是通过数据共享来体现的，但高效的教育管理体系往往会给数据共享带来较大的难题，所以各大高校应当积极提高教育设备的操作性、原数据可靠性、接口及标准的可共享性等，从根本上提高数据的可访问性，从而使其价值最大化。

如今，各大高校之间、高校内部之间存在的数据信息问题较多，其中兼容性、统一性和共享性仍然是一大挑战，高校应当遵循国家相关制度和标准，提前制定规范性行业标准，严格遵循国家大数据和教育行业准则，这样才能保证高校之间信息数据的统一性和共享性，高校之间也能达成统一合作的意愿。高校数据标准具备延用性和延展性，也就意味着各大高校需要从自身业务角度出发，发挥信息数据的可用价值；高校又要为长远目标做打算，积极推进教育变革，使信息数据具有延展性。除此以外，高校在选择大数据技术合作伙伴时不仅要考虑技术能力、业务能力等方面，还要考虑技术方案与现有数据及标准的兼容性，从而提高数据的合法性和价值，尤其是在学校内部和高校间资源整合标准等方面更要引起重视，积极整合和共享数据资源，从而建立互动平台，以此来推进高校共享机制的发展，尽管高校数据标准正在以国家标准积极推进，但是在国家教育管理大数据标准出台之前，高校应该积极主动组织教育管理大数据方面的专家和业内人士提前进行谋划与研制。

（四）推进大数据教育管理协同发展

1. 促进社会积极参与

高校大数据教育管理发展需要社会力量的参与，仅仅依靠高校是无法拓展和丰富资源的，高校要与企业进行沟通和协作，并发挥各自优势，共同为教育管理大数据技术培养创新型人才。中华人民共和国教育部持续深入开展与中国移动、中国联通、中国电信这三大电信运营商的合作，这便是政界联合社会共同育人的例子。事实上，各大高校已经积极开展学校与企业的合作。如西安电子科技大学与360公司开展了培养国家网络安全人才项目，以西安电子科技大学网络与信息安全学院为平台，结合两者丰富的教学资源，共同建立了西电—360网络安全创新研究院。除此以外，北京大学、武汉大学、西安交通大学等均与360公司开展了人才培养项目。

我国高校要进一步加强与社会企业的合作强度，拉近距离，建立关联，结合企业自身特色和本地区人才需求，有针对性地开展人才培养项目，建立高校大数据技术与安全保障体系，用技术、方案、服务、运营等手段推动教育服务市场发展。与此同时，各大高校应当充分发挥自身优势，在学科和专业的基础上研发有关大数据的相关产品，并借助社会力量，促进高校教育大数据技术成果的应用和推广。现如今，在我国所举办过规模最大、影响力最大的教育成果展示是中国国际智慧教育展览会，截至2022年已成功举办了12届，这是我国第一个以教育信息化为主的展览会，主要目的是促进教育领域与信息技术领域的沟通协作,在政府的支持下,既可表达学术的权威,也可强化教育商业运作模式的作用,从而推进教育信息化建设发展。

2. 积极开展国际合作

与国外相比,我国的信息化教育管理存在较大的缺陷,西方国家在经济、科技、教育、人才、国家综合实力上具有明显优势,这也帮助了他们在大数据教育管理方向上取得了较大的先机,虽然我国当今高校大数据教育管理体系距离西方仍存在较大的差距,但在我国高校不断创新和努力下,已经建立起国际交流与合作平台,争取做到抢抓机遇、博采众长,在推进西方与我国高校合作的时候要着重强调以下三点:首先,我国在与西方合作时,要注重大数据教育管理技术方面的保密和权利,增强我国大数据关键技术和重要产品的研发力,并拥有技术主权,禁止出现技术垄断和独权;其次,我国要注重人才挽留和引进,避免高端人才向国外流失;最后,我国高校要坚持网络主权原则,建立良好的网络秩序,积极参与和数据安全、数据快救流动等有关的建设工程,进一步加强与西方国家的合作,但在合作时,要保持理性,不能盲目地跟随西方国家的脚步,努力争取机遇,学习先进的管理概念和技术。同时,也要顺应全球智慧教育的发展趋势,积极发挥自身优势,吸取合作伙伴的关注。当今国际上的智慧教育方案,大多数处于一边研究一边实践的阶段,虽然已经取得了小幅度的成果,但是在大面积推广和应用方面仍存在不足,我国高校大数据管理方案也存在相似的问题。总而言之,我国高校在学习借鉴优秀高校大数据教育管理成功经验的同时,要用批判的眼光和战略的思维,提出适合国情、能够解决实际问题的大数据教育管理发展方案。

(五)加强大数据教育管理分享机制

高校教育管理数据资源开放程度越高,产生的价值则越大。高校教育管理公共数据资源统一开放的程度包括低、中、高三度,高校公共资源数据的开放程度较低,仅仅对学校内实行开放。而中等开放程度也仅仅限于某一地区范围内。高程度开放则是全国统一开放的等级。更高程度的统一开放则是面向全球、达到人类知识共享的等级。

1. 分步实施的同时逐步推进

公共数据服务已成为当今一种新型的数据产业，虽然在数据公开方面仍然存在较大的不足，但是在政府相应政策的支持下，逐渐向集成化、动态化和精细化方向发展，政府在数据公开方面是引导者和规范者，开放共享机制是今后的必然发展趋势，但当今高校开放程度和共享意识仍存在较大的不足，只有小部分高校愿意尝试学分共享和资源共享，仍然有较大部分的传统部门或学校认为自身资源应当实行保密机制，宁愿荒废也不可对外泄露，这就导致某些数据信息不完整或被摒弃，浪费了大量的人力和物力。随着现代化发展越来越迅猛，大数据的应用逐渐渗透到人们的生活中，共享和共建体系是必不可少的，各大高校可以分步实施、逐步推进大数据共享机制，政府也可以出台相关政策，以保证数据的安全性和权益，逐步打破部门、学科、专业、领域和行业等之间的限制，进一步推进高校教育管理大数据的开放程度和共享发展。

2. 创设利益共享的激励机制

高校大数据教育管理发展是一项综合工程，仅仅依靠学校是无法完成的，所以应当积极向企业和政府靠拢，在多方参与的条件下实现资金、技术、人才和机制体系的共享。在这其中，利益共享是推进各方合作的动力，体制共享才是核心内容，企业间不同的利益目标和机制体系会以相同的发展目的组合在一起，从而建立起关联，使大数据教育管理发展具有更强的战略意义。比如，在国内大部分高校开放课程建设投资中，政府和高校投资占绝大比重，社会公益者占少数比重，对大数据教育管理的成本分担机制却没有明确的规定，所以在构建多方融资方案时，需要明确表达合作方各自的利益需求。高校间可以尝试推行学分互认制度，甚至开展完全学分制管理，为了长期可持续性合作，对校内的各门学科开展学分评估，如果学生在各大高校推出的课程已经达到满分时，则不必再重修其他课程。

除此以外，各大高校建立大数据教育管理体系还需要建设分级共享机制，一定程度上的资源开放有利于推进知识的传播和应用，国家在相关政策上也对有关文化发展和社会进步的课程资源予以一定的经济补偿，如设立智慧教育进步奖，这是一种对推进大数据教育管理相关教师及管理者所进行的奖励机制；建议学校内部推行教师评级等奖励制度，尤其是对大数据教育管理的相关奖励要予以肯定和倾斜；将高校大数据教育管理成果纳入国家高等教育教学成果奖的评选重点内容之一。

（六）形成大数据教育管理评价体系

科学的评价机制也是构建教育数据体系的重要环节，评价机制对数据一体化发展有着良好的促进作用，对实现智慧教育的良性循环有不可忽视的影响。

1. 构建完善的评价体系

评估工作应成为现阶段高校最主要的工作之一，高校要不间断地评估移动学习计划，定期发布移动学习报告，这样才能从科学的角度做出决策。我国高校要强化督导的作用，构建完善的高校大数据教育管理评价机制；要从整体的角度出发完善大数据教育管理评级体系，在高校的基本评价体系中纳入大数据基础设施和制度建设，并使其成为衡量高校是否实现现代化的一个标准。此外，要按照过程评价与效果评价相结合的原则构建高校大数据教育管理建设指标体系，并在构建过程中始终做到以教学为中心。

2. 建立完善的评价方式

英特尔未来教育项目十分注重评估的作用，这也是其一大特色。它会从初始阶段就进行评估，评估涉及了人力资源分配、财政预算、新计划的设计与规划等各个方面，然后根据评估结果确定开发方向。英特尔未来教育项目花费了大量的资金聘请第三方开展教育评估工作，这样可以得出更客观、公正的评估结果。我国高校大数据教育管理应时刻关注各种工作和规划的进展，同时采用阶段性和结果性相结合的方式对各项工作的状况和结果进行评估。我国高校也应采用第三方测评，同时建立量化督导评估体系，并根据督导评估结果奖惩相关人员，这能够在很大程度上推动学校发展教育信息化的发展，并保证其获得良好的效果和效率。我国高校大数据教育管理建设应通过过程评估、项目评估及效果评估等不同的评估方式对高校数据治理能力、数据采集、数据质量、数据全流程管理、数据利用等环节进行评估，同时对数据治理的整个流程和数据分析的效果进行重点关注，从而不断完善高校大数据教育管理的各个环节。

（七）提升大数据教育管理对师资的培养

人是生产力的第一要素。只有构建完善的大数据人才培养体系，对人才培养模式进行不断的创新，进一步加强专业人才培养，才能为我国未来大数据战略提供更多人力资源方面的支持。信息化的技术特征意味着人才才是最重要的因素。大数据治理的关键也在人，人在使用大数据技术的同时也要保证大数据隐私不被侵犯。高校大数据教育管理发展需要组建一支专业的人才队伍，这些人才既要有相关的技术背景，又要具备良好的管理教学能力，这样才能为高校大数据教育管理发展提供人力资源方面的支持。但实际情况是，我国高校很多大数据人才普遍缺乏数据素养，而且他们并没有意识到新媒体技术的重要性。对此，可以从以下方面建设我国高校大数据师资队伍。

1. 创新培训方式

大数据技术、大数据理念和大数据思维都是高校教师培训的主要内容。如英特尔未来教育项目是通过人人交流、人机交流和机机交流三种模式完成授课。随着互联网和大数据技术的快速发展，高校教师除了要具备良好的大数据素养，还要有一定的信息素养，这样才能利用新技术对教学进行不断的创新。合作和体验是人与人交流模式体现出的特征；创新思维则是模块化学习所体现出的特征。在高校教师大数据素养培训中，应将理论与实践相结合，而不是只单纯地依靠一门信息技术教育基础课程。可以通过模拟的方式让教师选择合适的应用软件工具为教学提供便利，并对这些工具做出相应的评价。在培训过程中，高校可以通过网络平台让教师之间进行深入的沟通与探讨，并让教师亲自体验探究式、自主式和交互式等全新的学习方式，从而使他们可以在之后的教学中充分进行利用。

2. 改革培训体系

在当前这个大数据时代，教师应成为"更加成熟的学习者"。高校肩负着培养大数据人才的重要责任，只有教育者自身拥有良好的信息技术能力才能培养出社会需要的数字公民。教师角色在现阶段也有了很大的转变：由传统的"知识传授者"转变为"学习的引导者"；由传统的"知识占有者"转变为"学习活动组织者"；由"课程的执行者"转变为"课程的开发者"；由"教书匠"转变为"教育研究者"由"教教材"转变为"用教材"；由"知识固守者"转变为"终身学习者"。在大数据背景下，高校教师应具备两个方面的信息素养：一是收集和处理信息的能力；二是在专业教学中运用信息技术的能力。高校除了要构建完善的从业人员岗前培训制度，还要建立岗位继续教育制度，从而让从业人员具备更好的职业能力，同时让他们意识到网络安全的重要性并提高他们在这方面的意识。此外，高校要建立健全教师专业发展培训课程体系，设计出符合新时代要求的教师职前培训项目，让教师可以通过职前培训掌握更多的信息技术。不仅如此，高校还要对职后培训项目进行创新和改革，保证其内容可以与时代同步，满足学生在当下的发展需求。教师职前培训课程体系可以按照"基础课＋专题课＋核心课题＋自选课"的方式进行设置。

但千篇一律的课程体系也是不可取的，应设计不同的培训课程、方案和教材满足不同培训对象在不同时期的需求，这样才能让教师的大数据素养从整体上得到提高。在教师的职后培训上，高校除了要满足教师的需求，还要满足教育管理工作的需要，可以选择"多元培训""按需培训""个性化培训"等不同的培训方式。

3. 协调多元力量

高校、教育行政主管部门和信息技术提供商是高校教师大数据素养培训的三个主体。高校要构建完善的协同机制，利用各种各样的社会资源，不断提高高校教师的大数据素养。高校可以选择优秀教师参与政府培训项目，建立大数据人才库，同时与华为、阿里巴巴、百度等大数据应用公司、大数据技术公司和大数据培训公司进行深入合作，使教师的大数据分析能力、信息技术运用能力和教育教学改革创新能力都得到稳步提升，或是在高校内部成立培训基地，以此来促进教师能力的发展与提高。不仅如此，高校还可以走向国际，与有着先进智慧教育的国家进行交流与合作，双方的培训人员可以进行深入的沟通与学习，这对提高我国高校教师的大数据素养是非常有利的。对于高校来说，提高学生的大数据素养也同样重要。高校的教育教学活动有两个主体，即教师和学生，只有双方都具备良好的大数据素养，才能顺利开展大数据教育管理工作。智慧教育从本质上看是"人机协同工作系统"，这种教育系统需要人和技术共同发挥作用，这就意味着教师和学生要熟练地利用各种技术完成教学，同时还要保证教学的质量。

第二节 信息化背景下学生学习与管理工作实践

一、信息化背景下的学生学习保障体系

（一）信息化教学的资源共享共建

1. 完善信息化资源共建共享系统

在教育化资源共享系统建设的过程中，相关人员一定要进行全盘规划，不仅要做到使信息化资源系统的内容功能齐全，还应力求信息化系统使用方法简单易行，尽可能最大限度地完善完备信息化资源共享系统。在建设信息化资源系统时，还应完善资源搜索，为使用者提供普遍性与个性化结合的服务，系统能够根据学生的搜索记录，为其推送一些适合的资源，来辅助学生完成学习任务。此外，在信息化共享系统建设中，还应丰富信息资源的属性，使其不仅便于使用者检索，还能自动发现适合的网络并进行传播。

2. 以学生使用的需求为基本导向

在信息化教学资源建设上，应以学习和使用者的需求为导向，坚持应用驱动，使信息化资源建设更具规范性。例如，可成立专门的课程专家小组或由一些教学和科研人员组成专业团队对资源进行开发和制作。还可通过第三方评价与反馈机制来对资源内容是否满足学习和使用者的需求进行评估。评估结束后，还应成立专门的技术服务小组，对发现的问题及时解决，从而确保资源建设的有效开展。

信息资源建设的最终目的是为学生所用，在进行信息化资源建设时，要使信息资源库能够为学生提供可随意组合的知识，从而形成颗粒度小、储存量大的资源池，并对其不断充实，从而实现资源的整合。而在信息化资源建设中，建设者还要立足于高校的教育特点，努力为使用者构建以岗位需求为依据的实训资源平台，为高校教育的实践教学提供有力的保障，并鼓励教师积极与信息化技术人员合作。

3. 明确遵循资源生成的主要原则

在开展教学活动过程中，会形成一些生成性的资源。要想充分利用这些

资源，最大限度地实现资源共享，从而推动资源建设的良性发展，就要遵循以下原则。

（1）开放性原则。学校要打破学校及地域间的壁垒，面向全社会，吸引更多博物馆、科技馆、出版社等部门的加入，在丰富自身信息资源库的同时，实现信息资源的共享。

（2）可持续性原则。学校要在提高信息化教学资源整体水平的同时，避免出现孤立的、短时性的开发项目，而应采取资源采集分布性的措施，吸引大量用户参与到资源建设中来，并在用户使用过程中形成资源共享。

（3）合法性原则。在信息资源的共享中会出现版权及个人隐私问题，在建设过程中，应严格遵守相关法律法规，并谨慎使用版权。对于一些优质资源，则可通过购买方式实现资源共享。

4. 构建信息化资源的共享机制

政府部门应不断加强对信息化资源建设的重视度，加大对薄弱地区的扶持力度，缩小东西部教育信息资源的差距，还可通过制定相关政策来发展职业教育，并为其提供公共服务，从而促进学校信息化教学资源的均衡发展。学校要充分发挥其教育资源优势，最大限度地开发利用现有的教育资源，并建立自己的信息资源平台和学习管理系统，避免重复建设造成的资金浪费，从而推进学校的信息化教学资源的共享。

总而言之，"信息化教学资源的共享要以提高全民信息化意识和信息化素质为基础，同时还应满足人们的整体全面需求"[1]。面对现阶段信息化教学资源建设中存在的问题，要采取积极措施，通过完善信息化资源共享系统、以学习和使用者的需求为导向、严格遵循资源生成的原则、实现资源的均衡共建、构建资源共享机制等措施，来实现高等职业信息化教学资源的共享。

（二）信息化教学的移动课堂构建

移动课堂是基于学生思维和认知，借助社会资源、学校资源等的使用，变换教学场景，为学生提供更多实践性学习机会的教学工作。在信息化背景下的移动课堂构建需要注意以下方面：

---

[1] 魏恩志. 高等职业教育信息化资源共享研究 [J]. 科技资讯，2017，15（5）：181.

1. 理论和实践相结合

当前的课堂教学中，教师要围绕移动课堂教学发展需要，充分认识教育教学工作的重要意义，推动课程改革创新，推进教育教学改革创新和协同建设工作，提高课堂教学质量，搭建教师相互交流学习的高水平平台。此外，还要积极组织学生开展社会实践教学基地实践教学，进一步在思想引领、教学改革、教师队伍、精品工程、考评机制等方面进行强化，把教学工作做出实效。在理论联系实践教学中，要注重开展移动实践教学，组织学生参与相应的教学基地等，促进学生学习能力的不断提升。

2. 应用"线上+线下"教学模式

针对移动课堂教学，教师要积极探索"两微一云"（即微课资源、微信公众平台和云教学）联动的线上线下混合的教学模式，做"亮"线上教学。在"互联网+"理念指引下，开发全国高校微课资源库，建立微信公众学习平台和云教学大数据教学管理平台，并构建线上线下混合式教学法，促进学生主动学习，开辟网络传媒新阵地，要充分考虑大学生的思想特征和动态，与时俱进，突出融媒体宣传的时代性特点，将教育内容与学生思维特点相结合，"线上+线下"相结合，增强对青年的吸引力与感染力，充分利用学生感兴趣的网络阵地，大力实施影响力工程，推进教学产品化战略。

3. 提高教师信息化的能力

当前的移动课堂教学中，教师的作用十分关键，各个学校要把思政课教师队伍建设作为办好思政课的关键，通过加大思政课教师配备、加强思政课教学研究机构建设和思政课教师教学能力培训等一系列有效措施，选优配强专兼职教师，推动形成一支专职为主、专兼结合、素质优良的工作力量。基于移动互联网通讯等新媒体新技术，在课堂教学中通过智能手机等移动终端，实现全体师生共同参与。同时，通过教室投影屏幕及时反馈互动信息，进而通过数据可视化、云计算等现代信息技术实时展示分析互动数据，从而优化教学过程，提高教学效率，有效实现课堂教学的高效互动，促进师生思想碰撞、价值传递和情感交流。努力提升教师的信息化素养，从而为移动课堂的高效开展奠定基础。

（三）教师信息技术素养的培养

教师肩负着为国家培育具有较高信息素养的优秀人才的历史重任，而要完成这一历史使命,要求教师自身具备较高的信息技术素养,这就需要对教师信息技术素养的培养予以充分重视,具体应从以下方面入手:

1. 营造良好的培训环境

(1)成立专业培训部门。教育行政部门对于整个教育事业的发展与建设都起着决定性的作用,从中华人民共和国教育部到地方各级都应设立相应的培训部门,对教师信息技术素养的培训工作全面负责。通过层层设置组织机构,能够增强教学工作力度,有效落实国家相关政策,进而提升信息教育教学质量。

(2)建设信息基础设施。教师信息素养的培养与提高,需要以信息基础设施建设为基础,只有加强信息基础设施建设,才能促进教师信息素养与教学实践的结合。学校硬件建设是教师信息素养全面提高的物质保障。要加强基础设施建设,具体包含以下方面:

首先,校园网建设。校园网在学校信息化建设中发挥着重要的作用,为学校信息化的实现提供了重要的平台。随着校园网的建立和广泛应用,教学教务管理、行政管理和校内外信息沟通等工作越来越便捷。因此,校园网建设是基础设施建设的一个重要方面,应努力使校园网站的网页内容更加丰富多彩;使校园网的资源,特别是教学资源更加多元化,从而为教师进行信息教学提供方便。

其次,现代教育技术中心建设。现代教育技术中心的建立具体反映在一些相关的技术设备上,教师的信息技术素养只有具备一定的技术设备作为基础,才能够得到提高。因此,学校应加大资金投入,完善信息教育技术所需的硬件设备,从而为教师开展信息化教学提供物质基础。

最后,计算机中心建设。在信息技术飞速发展的今天,各级学校的教师都应该熟练掌握计算机的操作技术,这也是提升其信息技术素养的一个重要要求。因此,各个高校应不断完善学校教师机房的建设,接入局域网或国际互联网,并将校园网接入到各个教师的办公室,配备相应的课件素材库,进而为教师信息化教学提供坚实的硬件基础。同时,还要加强对教师进行培训,使其能够熟练制作多媒体软件并做到灵活运用。在教师信息技术素养的培养和提高方面,应坚持实事求是的原则,从实际出发,逐步实现。

(3)增强校际的合作交流。各个学校要加强协作,对教师进行有效的引导,具体应做到以下方面:

首先，加强校际合作，积极举办讲座和研讨会，为教师提供学习的机会。学校应邀请相关单位的专家教授来校开展讲座和研讨活动，并下发一些与信息素养培养方面相关的书籍、资料等，对教师进行有效引导，进而提升教师的信息素养。

其次，学校对参与科研工作的教师要予以一定的奖励，通过建立完善的激励机制，鼓励教师进行科学研究，努力实现对研究型教师的培养。同时，要加强学校之间研究成果的交流，相互借鉴、相互学习，实现共同进步。

最后，将各地各学校一些成功的教师信息技术素养培养的案例作为范例进行研究、学习。各个学校对学生、教师可能会采取不同的评价方法，并且有着不同的经验积累，通过学校间的合作与交流，实现教师评价的科学性。学校应致力于对基础教育阶段的教育与考试方法进行改革，将侧重点放在对基础知识和能力的测试上，逐渐形成完善的素质能力考核体系。

2. 实现多元的培训层次

教师信息技术素养的培训，应考虑到不同的教师群体信息技术素养水平，基于不同的教师群体采用不同层次的培训策略。

（1）基础培训层次。基础层次的培训是对信息技术的普及，主要包括对信息基础知识、基础的信息操作技能进行的培训以及对基本的信息意识的教育。基础层次的培训要针对不同的职位有所区别。例如，学科教师、管理人员和信息技术人员由于职务不同，培训内容也应有所区别，要有针对性。

（2）应用培训层次。针对我国信息技术素养培训的问题，提倡信息技术素养的培训应从以下方面入手：

首先，信息技术与学科课程的整合。教师将信息技术与学科课程整合的方式主要有三个方面：①教师要利用信息技术进行演示，利用现成的教学软件、多媒体教学库制作多媒体课件，将学科中难以理解的内容以最为直观的形式展示给学生。②教师要通过利用信息技术，获取学习资源。教师应熟练掌握信息网络技术，通过网址、搜索引擎等方式获取相关的资料，并对资料进行分类整合，进而为学生学习提供丰富的资源。此外，教师还应利用信息技术为学生创设虚拟的学习环境，培养学生科学的态度和能力。③从实质而言，信息技术是一种评测和反馈工具。操作练习型软件和计算机辅助测验软件在教学检测中发挥着重要的作用，这就需要教师掌握相关的技能，引导学生在练习和测验中对既有的知识进行巩固，同时从中获得教学反馈。

其次，采取基于任务的培训方式。传统的培训与教学实践结合相对薄弱，只重视对信息技术层面的培训，而忽视了教学实践中将信息技术整合进去的问题。因此，要构建面向课程整合的教师信息技术培训，这种培训是要基于教学任务的，主要是为了解决教学过程中出现的问题，因此，教师具有明确的培训任务。在培训过程中，要根据实际情况对培训计划进行修改，使教师除了掌握本学科教学中的信息技术，还要掌握相关学科教学中的信息技术。

最后，推行跨学科的培训方式。从教师信息技术素养的培养现状而言，各学科教师之间缺少必要的交流。基础教育课程改革倡导打破学科界限，在新的基础教育课程结构中，作为新生事物的综合课程已经成为学校课程体系中的重要组成部分。课程结构的改革，要求教师跨越学科界限，与不同学科的教师进行交流，相互促进。

总而言之，在应用层次中，信息技术与课程整合的应用是逐步变难的，这也就对进行教师信息技术素养的培养提出了一个层级目标，培训者可按照这个层级进行教师培训。

3. 开展丰富的培训形式

要解决目前教师信息技术素养参差不齐的普遍现状，就必须对在岗教师和未来教师进行信息技术素养的基本培训，即教师职前培训和在职培训。

（1）职前培训。职前培训主要是针对师范学生而言的。在踏上工作岗位之前，加强对师范生的信息技术素养的培养具有重要意义。具体可以采取以下措施：

首先，高等师范院校应积极开设信息技术等相关专业，使师范生树立科学的信息观念，积极开设与信息化教学相关的公共选修课，选修课要侧重于对基本信息知识与信息伦理道德的培养。

其次，开设的信息应用课程要与师范生所学专业相互融合、渗透，使师范生的信息技术与学科课程整合能力不断得到提升，使学生在未来的工作岗位上具有较强的信息应用能力。

最后，在解决师范生对现代教育信息课程重视程度有待提升的问题上，培训者可以采用分组交流的方式，给学生布置任务，让他们分组去搜集信息，从各种渠道去搜集信息，每个组派个代表陈述搜集到的信息，各组进行交流，从做中学，这样不仅可以使学生重视这门课程，还可以培养学生协作的能力。

（2）在职培训。目前，教师在职培训是我国教师信息技术素养培训的一种主要形式。对在职教师的信息技术素养进行培训有利于教师更好地面对信息化时代带来的挑战。具体而言，教师在职培训的方式主要包含：①校本培训，具体包括学校利用一定的时间组织的信息技术培训以及信息技术与课程整合的教学观摩等；②学位进修，主要包括通过学习进行本科学位的自考与函授以及获取信息技术教育等学科的研究生学位等；③短期培训，它是各高等院校、教研部门等组织常采用的培训形式，如骨干教师培训；④自发研修，具体包括订阅教育技术和信息技术教育方面的相关书籍和杂志，积极参加网络论坛的专题讨论，借鉴经验，并积极参加各种研讨会，与一些成功人士进行交流与沟通。

4. 完成教师的自身转变

要提升教师信息技术素养，最重要的是靠教师自身不断地努力，具体应做到以下方面：

（1）改进教育观念。教师要勇于打破传统观念，解放思想，突破传统的教育模式和思维方式，树立新型的教育理念，充分认识到信息技术在现代教学中的重要性，教师在教学中应将传统的封闭式单一化教育转变为开放式多元化的教育，将简单地向学生传播知识转变为引导学生进行自学，将整齐划一的课堂教育转变为针对学生个性差异性开展的教育。

（2）转变教育思想。教师应由终结性教育转变为终身性教育，自身必须不断学习，抓紧一切机会学习，把终身学习当成自己的生存前提，要与时俱进，不断更新自己的知识。在进行信息化教学时，教学手段要由静态的物质载体转变为多功能的动态多媒体，教学模式由课堂讲授式向协同式学习转变。但在这个过程中要避免全盘舍弃的倾向，要将信息观念与已有教育观念相融合，逐步确立信息时代教育的创新意识、创新观念。

二、信息化背景下的学生教育管理工作实践

（一）学生教育管理工作的内容

学生管理是学校对学生工作的综合管理。在高等学校整个教育过程和管理系统中，学生既是受教育者，又是学习的主体；既是学校工作的主要服务对象，也是参与学校管理的活跃力量。学生在高校中的这种特殊地位，决定了高校学生管理的特殊性和复杂性。高校学生管理的实质是，运用教育管理科学的知识和手段，指导与管理学生直接有关的各个部门的工作；综合协调

各个部门的学生工作，形成和谐的学校学生管理系统，并对系统实施控制、分析、评价、调整，以高效地实现高校的教育目标。这也是高校学生管理的根本目的和指导思想。

学生的全面发展和健康成长，离不开德智体等各方面的教育。高校的各个部门都担负着一定的对学生进行教育、服务和管理的职责。所以，高校学生工作的科学管理水平，反映了整个学校的管理和教育水平，体现了整个学校的管理和教育工作的效果。高校的中心工作是为培养学生成才服务的，学生管理的核心是要为学生成才提供良好的环境和条件。高校在对学生的管理过程中，要针对大学生的特点，健全制度，制定规章，严格管理，积极疏导，依靠学生自我管理，系统教育，充分发挥学生的主体作用，促进学生德智体全面发展。

1. 学生学习管理工作

对学生的学习活动实施有效的管理，是高校实现培养目标的重要保证，是学生管理的重要内容。

（1）高校学生的学习管理原则。对学生学习实行科学管理，必须依据大学教学过程的规律、大学生身心发展的特点，依据社会发展对专门人才的客观要求，制定管理原则和管理方法。大学生在思想上有较强的独立性，倾向于独立观察、分析和思考，自我实现和创造的欲望比较强烈，社会阅历不深，思想单纯，渴望参加社会实践活动等。随着现代科学技术的高度分化和综合，知识的更新速度加快，所有这些都要求高校必须重视对大学生专业知识的拓宽和能力的培养，改革教学内容和方法，改革旧的学习管理制度，遵循一定的管理原则。

首先，严格管理与灵活自主结合原则。根据大学生思维发展相对成熟等特点，应该扩大大学生学习上的自由度，学习上给学生更多的自主性和选择性。对学生的管理要活，活而有序。学习管理的改革要破除"课堂中心、书本中心、教师中心"的框框，创造条件，使学生通过多种渠道、多位教师和多种学科来学习。本着让学生"学精、学好、学活"的原则改革教学管理，给学生充分的自学时间和学习的自主权，以提高学习质量。

其次，民主管理与因材施教结合原则。高校学生学习管理应当坚持面向全体、关注优秀学生、帮助后进生、淘汰劣生的原则。要因材施教，照顾学生特点，努力发现拔尖人才。对有发展前途的与特殊才能的学生，应从学习管理规定上给他们较为宽松灵活的选择专业、选择教师的权限，允许提前毕业、免试推荐研究生；对由于主客观原因而学习有困难的学生允许延长学习年限。严格把好质量关，对不适应继续学习的学生应当实行淘汰制，通过合理的优胜劣汰，促进人才的快速成长及其质量的提高。

最后，学习管理与思想教育结合原则。学生的学习与学风有很大的关系，学生管理工作必须注重抓学风建设，要培养大学生养成勤奋、严谨、求实、创新的良好学风，需要通过对学生学习的科学管理，提供正常的教学秩序、安定团结的学习生活，实施优质的教育教学活动，严格要求，加强质量考核和必要的纪律约束，端正学习动机，不断激发学生的学习兴趣，提高学生学习的积极性、主动性和创造性。

形成大学生良好的学习风气，不仅仅是学生学习管理的问题，它还涉及整个学校的工作，需要学校领导干部好的党风、学风的积极影响，需要学校全体教师为人师表的良好教风的带动，需要对学生加强有理想、有道德、有文化、有纪律的教育，增强对大学生学习管理的效果。

（2）学生的学习过程管理。学生的学习过程包括预习、听课、讨论、复习等相互联结和依次过渡的环节。学生的学习过程是高校教学过程的一个重要方面，要提高教学效果，必须加强对每个学习环节的有效管理及控制。高校学生的学习过程管理包括以下方面：

一是预习管理。预习是学生根据教师指定的学习范围，在课前通过自学教材和参考书籍为听课做好准备，打好基础的环节。预习是学习的第一步，凡是学习新课程一般都应该先预习再听课。做好课前预习，可以引导学生的自主思维，提高学生学习的主动性和目的性，培养学生独立思考、分析问题的能力和自学能力，加深对教学内容的理解和记忆，提高学习效率和教学效果。

加强对学生预习活动的指导和控制，是做好预习的重要条件。首先，指导学生善于预习，学会科学的读书方法。预习是为有目的、有重点地听课做准备，所以，应该指导学生在预习中了解教材全貌，粗略知晓将要学习的大概内容。为了提高预习的效率，可以采取"扫描式"和"跳跃"式的阅读方法，以抓住教材的筋骨脉络，以发现疑难问题为主，鼓励发散性思维和多提问题。其次，激发学生的预习兴趣。引导学生体会预习的乐趣和效果，发现问题，激励学生通过自己的课前钻研，主动地探求知识。教师教学要考虑到学生预习的作用，在学生充分预习的基础上，教师讲授时要着重讲清学生理解不透的重点、难点和分析问题的要点。凡是学生通过预习已经领悟的问题，一般可以不讲。最后，教育学生坚持预习，养成习惯。预习能起到事半功倍的作用，只要持之以恒，形成习惯，讲求方法，防止流于形式，对学生专业知识的学习和能力的提高会产生很大的促进作用。

二是听课管理。课堂听课是学生获得知识最主要的途径，是学生学习最主要的形式。在教学过程中，学生是学习的主体，一切教学措施最终都必须通过学生的学习活动体现其成效。任何人都无法以任何方式代替学生的学习认识活动。基于这个认识，学生听好课堂讲授，是关系到学业成绩优劣的中心环节。

对听课过程实施有效的控制，提高听课效果，首先，要求学生必须"四要"，即眼要看，耳要听，手要写，心要想，"眼、耳、手、脑"并用；教师应尽可能地采用多种教学手段，发挥多种传播媒介的综合效应使学生对学习材料丰富、生动具体的感知达到深刻、全面认识事物的目的。其次，要恰当地处理好听课与做课堂笔记的辩证关系。课堂笔记本身能起到备忘、补遗、指示重点、帮助复习的作用。学生在听课时做好课堂笔记，可以加深对知识的理解，提高听课的效果。听好课是做好笔记的基础和前提。要使学生避免只顾低头记笔记而忽视听和看的弊端，应该指导学生做笔记学会注重"重、难、详、略"，对重点、难点和没有听懂的问题，做详细记录，以便课后进一步学习和钻研。最后，保持良好的课堂纪律、充沛的精力。学生课前不应做激烈运动，要提前做好课堂准备，保持安静、严肃的课堂气氛；课堂上要保持灵敏的思维、高昂的情绪，思维活动要和教师讲授同步进行，注意张弛相济，提高思维效能。

三是复习管理。复习是重新识记学习、记忆过的材料，使之巩固并达到记住的目的的过程。其生理机制是，通过对暂时神经联系的不断强化，使它的痕迹得到进一步的巩固和保持。从认识论的角度而言，人对客观事物的正确认识，往往需要经过多次反复才能逐渐完成。人们所学的知识和技能，只有通过不断地复习才能得到巩固和熟练。

对学生的复习进行有效的控制和指导，首先，必须使学生恰当地掌握复习时机，做到及时复习。根据记忆遗忘规律，记忆的持久度与两次复习之间的间隔长短有关，一般是先快后慢。因此，应该加强学生的及时复习，当天的功课，要争取当天复习，如果相隔时间久了再去复习，则事倍功半。其次，要做到经常复习。根据学生学习的需要、知识的难易度及掌握程度，可以采取"分散复习""集中复习""整体复习"和"部分复习"等多种形式,指导学生经常复习教学内容等知识。最后,教师通过课堂讲授,引导学生温故知新。老师在讲新课时要有目的、有针对性地复习旧的知识和概念,指导学生以旧有知识为中介,运用已经学过的知识去思考和理解新的概念和知识,同时进一步复习和巩固旧有知识。

四是讨论管理。讨论是教学过程中学生在老师的指导下围绕某一中心问题交流思想、互相启发、认识和解决问题的一种方法。通过讨论,可以发挥集体的智慧,开阔思路,互相学习,取长补短;锻炼学生的思维能力和表达能力,活跃思想,激发学生的学习兴趣和动力;促进学生对所学知识的巩固、消化、理解、提取及其运用;培养学生勤于思考、虚心好学的风气和习惯,帮助学生树立坚持真理、修正错误的精神、意识。讨论是大学生深入掌握专业知识的重要环节。

为了使讨论深入、生动活泼、富有成效,防止流于形式,必须加强对讨论的控制和指导:首先,在讨论前,应明确讨论题目和方法,指导学生编好发言提纲,有针对性地搜集资料和调查研究,为讨论做好充分准备。其次,讨论中要确定中心发言人,围绕中心议题开展讨论,鼓励学习较差和不善辞令的学生多发言。最后,引导学生联系实际,持之有据,言之成理,以理服人,既要有争有论,明辨是非,又要虚心好学,听取他人的意见,要求学生对讨论做总结和归纳,简要概括讨论的中心内容和主要观点、焦点以及有待继续探讨的问题。

五是毕业论文(设计)与社会实践管理。大学生毕业论文(设计)是在教师指导下的学习过程和活动,其目的是为了检验、提高大学生发现、分析、解决理论问题的综合能力,巩固学习成果。毕业论文(设计)的撰写是一项复杂的脑力劳动,对学生的知识储备和能力要求较高。因此,除了将论文写作的时间放在大学生活期末并保证有足够的时间以外,还必须指定教师作专门指导,包括选题、研究方法、论文资料的收集及研究内容的指导等。教师对大学生毕业论文的指导,应该着重其研究方法和初步研究能力的培养,充分发挥学生的主观能动性和创造性,使毕业论文(设计)成为大学生学习和工作的一个新起点。

社会实践活动既是大学生思想教育的一个有效手段,也是大学生学习活动的一个重要环节和方法。从学习方面来讲,对大学生社会实践活动的管理主要着重于组织和引导学生运用所学专业知识解决社会实践问题,为广大人民群众解决生产和生活问题。社会实践活动主要是由学生参与组织的一种自我教育，由于受时间的限制，多安排在节假日进行，并本着自主自愿的原则由学生选择参加。对此类活动，管理部门主要任务是加强指导，大力支持，保持社会实践活动与课堂学习等其他教育活动的协调进行。

（3）学生的奖学金管理。奖学金是为了表彰在德、智、体等方面尤其是专业教育中成绩和才能优异的学生而实施的一种经济上、物质上的奖励，奖学金是我国高校学生资助体系（包括"奖、贷、助、补、减"）中的重要组成部分，在一定程度上体现了学生学习中按劳分配、多劳多得、优绩优酬的分配原则。

高校奖学金设立、评定和发放的原则是，坚持奖励先进，为教学服务，促进学生成才的宗旨，成绩（能力）、效率优先，兼顾公平，保持适度的奖学面和奖学金金额标准，分级分类多层设奖。高校应当根据国家教育部门的有关规定，结合本校情况制定奖学金的评发标准和等级。即使广大学生通过努力学习，取得优异成绩，可以得到相应的物质奖励，同时又能避免平均主义，并在同等条件下向家庭贫困的学生倾斜，真正发挥奖学金的激励、强化功能，充分调动学生学习的积极性。

高校奖学金按照奖学的内容，可以分为单项（单科）奖学金、综合（专业）奖学金、优秀学生奖学金和三好学生奖学金等。这些奖学金对大学生的学科成绩、专业成就以及能力、道德品质等方面都要有相应的要求，在评定时要严格区分有关标准，有的放矢，有所侧重。高校奖学金按奖学金经费的来源可以分为国家奖学金（包括中央和地方各级政府设立）、社会奖学金（企业、社会团体、民间个人、海外华侨等设立）、高校奖学金（高校用办学积累而设立的奖学金）等几种类型。这些类型的奖学金在奖学范围、学生专业类别与地区等方面有明确的要求。以国家设立的奖学金影响最大，奖学范围也最广，因而是我国目前高校中最主要的奖学金形式。

实行奖学金制度，对奖学金实行科学、有效管理，有利于培养大学生的竞争意识和观念，形成良好的学习氛围；使学生树立起强烈的进取观念，热爱专业知识，努力学习，刻苦钻研，勇于探索，开拓创新；培养学生的求实精神和自主能力，克服学生对国家和家庭的依赖性，以自己的聪明才智和勤奋努力的成绩获得社会的回报；不断促进高校专门人才素质的提高，适应现代社会对高校人才培养的要求。

必须严格制定奖学金的评定制度和标准，对于那些思想政治上追求进步、道德品质高尚、乐于助人、热心为同学服务、在学校的某些社会活动中成绩突出，同时能较好地完成学业的学生，可另设单项奖，如优秀学生奖、优秀党员或团员（奖）等，以资鼓励，从而充分发挥广大学生的各种特殊才能与学习潜力。

奖学金制度作为我国高校学生资助体系的一个重要组成部分，需要与其他高校学生资助制度如贷学金制度、助学金制度等相互配合，共同发挥作用。这些资助制度各有其优点和不足，但其目的都是为了促进学生专心学习，刻苦钻研科学知识，可以从不同角度，以不同形式与奖学金制度一道形成合力，共同调动大学生学习的积极性和主动性。对于一个勤奋好学、成绩优异的班级群体，因名额和资金有限，大部分学生难以获得奖学金，为不至于影响学生的学习积极性，可以辅之以助学金制度、勤工助学形式，以解决他们学习中的后顾之忧，从而进一步激励他们发奋学习，争取早日拿到奖学金，不断提高奖学金对大学生学习的激励保障作用。

2. 学生生活管理工作

学生的生活管理，主要是对学生的学习、课堂之外的物质与精神生活的管理，包括学生的宿舍与食堂管理、学生课外活动的管理等。

（1）高校学生的生活管理原则。学生的生活管理是学生管理工作的重要组成部分，是学校的一项基础性工作。大学生是一个特殊的知识群体，每天都离不开衣食住行、文体娱乐，对物质生活和精神生活有其独特的需求。对这些需求必须予以高度重视。

学生生活管理与学生的培养目标密切相关，是培养学生全面成才的重要途径、手段和保证，是学生思想政治工作的重要补充。通过对学生生活的有效管理，有利于培养学生的独立自主精神和良好的生活习惯，增强学生自我管理的意识和能力；有利于形成优良校风和民主管理民主办学的工作作风；有利于激发大学生的主人翁精神，保证高校人才培养工作的顺利进行。

实现高校学生生活的有效管理，关键在于从思想上高度重视学生生活，把学生生活内容的丰富和质量的提高纳入高校的总体发展规划中，综合平衡，统筹兼顾。在具体的实际工作中，高校学生生活管理需要遵循以下两条基本原则：

首先，服务性管理原则。学生生活管理要以学生为本，从学生群体的需要出发，为学生成才服务，为学生提供丰富多彩的、高质量物质生活和精神文化生活，把为学生创造良好的学习生活环境作为学生生活管理的出发点和归宿。为此，要确立正确的思想观念，管理即服务，管理即指导，而不是偏重采取控制这一消极的管理手段。

其次，学生自治性原则。学生生活管理工作，要尊重学生的独立人格，发挥学生中党、团学生会等组织的作用，由学生参与学生群体生活管理，使学生真正成为学生群体生活管理的主人。发挥学生自治能量，是做好学生生活管理的重要支柱。在贯彻这条原则时，应该做到充分相信学生、依靠学生，保证和给予学生合理的、合法的参与学校管理的权力，真正保护好学生的切身利益，放手发动学生，为做好学生生活献计献策。

（2）学生宿舍与食堂管理。学生宿舍是学生休息、生活的场所，也是学习的场所。学生在宿舍里相互交谈，信息量大，内容丰富，相互影响。因此，学生宿舍的管理对学生身心发展、思想情操的陶冶、学业的进步等起着十分重要的作用，应予以足够的重视。

学校要设置专门机构如宿舍管理科（室）、学生公寓管理中心，安排专人统一管理全校学生宿舍的设施、物品、安全保卫、清扫卫生和环境美化等，领导和监督宿舍管理员（传达员）和清扫员的工作。随着高校后勤工作的社会化，对高校学生宿舍的管理可采取物业管理和勤工俭学相结合，专职人员和学生相结合共同管理。组织学生参与学生宿舍、学生公寓的管理，既锻炼了学生的自我管理能力和劳动意识，又为部分学生尤其是贫困生解决了学习的后顾之忧，促进学生学习质量的提高。

学生宿舍管理的中心内容是卫生和纪律秩序，具体包括宿舍的卫生整洁情况、遵守校纪情况、团结友爱情况、学习风气情况等。这些既是高校"文明学生宿舍"的重要衡量标准，也是学生宿舍管理工作持续的根本目标。

学生食堂是学生集中进餐用膳的场所，对学生食堂的管理是高校学生生活管理的首要内容。组织学生参与伙食的民主管理，是办好学生食堂的重要措施和有效手段。设立学生伙食管理委员会并吸收学生参与其中，是对学生伙食实行民主管理的有效形式和途径。没有学生的参与，学生食堂管理的效益、饮食的质量、服务的水平都难以达到为学生服务的最佳状态。

（3）学生课外活动的管理。

首先，学生课外活动管理的作用。学生课外活动主要是正常课堂教学以外的其他活动，包括第二课堂、文体娱乐、社会实践、勤工助学等个体与群体活动。学生课外活动是学生生活的重要组成部分，它融增长知识、培养能力和文娱特长、锻炼身体、思想建设等为一体，是培养德智体全面发展的人才所不可缺少的重要环节。

组织好学生的课外活动，可以起到的作用包括：①可以更好地发挥学生的主体作用，培养学生的自主性和自学能力；同时根据学生个性特点和个性差异，充分地做到因材施教，使更多有才能和特长的学生脱颖而出，茁壮成长。②可以拓宽、扩展、改善学生的知识结构，使学生通过多种活动形式获取最新信息和科技成就。③可以在活动的组织过程中锻炼学生的组织才能和实际操作能力。④可以陶冶学生的情操，提高学生的审美情趣，通过一些劳动增强学生的劳动观念、群体意识和集体主义观念，通过与社会的接触，增强学生的社会责任感，不断提高学生的道德水准。

其次，高校学生课外活动管理的内容。

一是学生课外活动的行政管理。高校学生课外活动的行政管理的主要任务是为学生课外活动提供优质服务，进行业务指导和宏观调控、协调关系。具体说来，就是开辟活动场所，如文化活动中心、体育运动场馆等，提供勤工助学岗位，这些是学生开展课外活动的基础条件；加强课外活动中对学生成才的指导，引导学生开展丰富健康、有益身心的群体活动；对课外活动的时间、场所、内容、经费等严格把关，宏观调控；协调学校各部门在学生课外活动中的关系，把学生课外活动纳入学校工作计划中，使学生课外活动落到实处。

二是学生群众团体、社会团体的自我管理。学生群众团体、社团组织的自我管理是学生课外活动管理的重要内容。发挥学生群团、社团组织的自我管理功用，是做好学生群体活动的基础。学生群团组织是共青团系统、学生会系统。社团组织有以结合专业学习为主的或以扩大知识面、满足个人兴趣爱好并培养特长为主的各种协会、学社，如学生发明协会、学生文学社、学生旅游学会、学生模拟法庭等。随着社会对专门人才的要求越来越高，参加各种形式的群团、社团组织日益成为当代大学生课外活动的重要内容。

实现学生群团、社团组织的自我管理，必须做到：①加强校园文化建设，将课堂内外的活动有机结合起来，将教书育人、服务育人、管理育人统一起来，使学生群体组织持久、持续的长远规划。尤其是课外活动的时间要充分考虑教学的特点，尽量避开学生学习的紧张时期，开展学生喜闻乐见的活动。②加强学生群体组织骨干的选拔、培养工作，使学生群体组织的活动在德才兼备的骨干成员的管理下有声有色，富有成效，并沿着正确的方向不断发展壮大。③寓教于乐，寓教育于活动中，使组织者和参加者都能在活动中受到潜移默化的教育，充分发挥学生社团等组织的功用。

（二）学生教育管理工作的信息化构建

1. 学生教育管理工作信息化的体系

（1）学生管理信息化的目标。学生管理信息化的目标是推动学生的信息素养及综合素质的全面提高，创建和信息社会与知识经济相吻合的新型教育形态，同时提升学生的综合素质，继而让教育冲破传统的时空束缚，打破高校的围墙，跨越国界和区域的樊篱，从而为建设全球化终身教育体系奠定基础。为高校人才服务是高校信息化的最终目标。

（2）学生管理信息化的性质。先进的计算机技术和网络技术的使用，让高校信息资源数字化、管理科学化以及校园网络化，即高校信息化的实质。然而其中信息化的基础、信息化的保障以及信息化的中心分别是校园网络化、管理科学化、信息资源数字化。高校信息化是一个动态的发展过程，同时也是不停变革与优化的过程，高校信息化有益于提高教学、科研服务和管理等活动的质量及功效。

信息化具备系统属性，并且其也具有体系结构，这是对静态的组织结构形态而言的。另外整体是一个组织、观点、事物、工具及管理信息化等的有机融合，这是对展现形式而言的。此外，完整的体系是由技术和安全保障体系、组织管理体系、信息化规范和标准体系、信息化应用和服务体系、信息资源和数据库体系以及网络平台体系等组成的，这是对体系结构而言。

（3）学生管理信息化的要素。信息化资源和信息化人才、信息网络和信息技术使用、信息化政策法规以及信息化产业等六大因素包含在高校学生信息化管理中，是一个有机整体，形成高校学生管理信息化体系，这中间为根基的是信息网络，中心是信息资源，目的是信息技术和信息资源的使用，同时保证高校学生信息化管理实践的是信息化政策法规。

一是学生管理信息化建设的主要内容、完成学生管理信息化的先决条件及物质基础就是信息网络。在当前关于"数字化校园"的建设构想中，许多高校提议了，为此也付出了行动，因此校园网络建设获得迅速发展，能够无缝连接的是和中国教育管理网络。此时关于学生网络实验室和计算机中心的建设力度增大，还有学生公寓局域网的建设增强，高校给学生上网提供了多种多样的方便条件，从而给高校学生管理信息化奠基了坚固的根基。

二是划分学生管理软件资源是高校学生管理信息的中心,以及学生信息资源是学生管理信息系统中根本数据的中心。多媒体信息资源是多媒体素材的根基,还有各种工具资源及网络资源是学生管理信息资源的使用、生成、解决、分析和决策的基础。

三是学生信息化管理建设的重要目的及根本出发点,都是信息技术在高校学生管理中的运用。学生信息化管理建设的主体就是信息技术的运用。由此可知信息技术的使用环节是学生信息化管理收益的重要体现,关键要做好:①确定信息技术于学生管理方面运用的目标,同时信息技术管理应用的成效与品质有着直接联系,并做好思想理论和方式紧密有关的建设;②管理者和受管理者应用信息技术的基本技能务必要提升;③当前,学习信息技术管理应用的重要任务是信息技术和高校学生管理综合的观念探究及实践在不同层次中展开。

四是关于信息的搜集、存储、沟通及使用的手段与方法就是信息技术。各种信息媒体,如印刷媒体、计算机网络及电子媒体等,就是一种物化形态的技术,是手段。信息媒体与信息媒体使用方法两个因素构成的就是信息技术,而信息的数字化与信息传播的网络化就是中心。信息技术不仅是高校学生信息化管理的技术支撑,还是学生信息化管理的启动力,既能够丰富高校学生管理信息化的研究内容,又能让新的以及愈加有效的物态技术与智能形态的技术运用到信息化学生管理中,从而提升学生信息化管理的水平与成效。

五是信息技术服务业与信息技术设备制造业即信息技术产业。在中国高校学生信息管理历程中,必须要通过不同的社会部门分工合作来达成信息技术产业的发展,鼓励学生管理科研院所、部门及有关企业等非常强的互补性的部门一同参加,这样可以让学生管理信息技术产品的开发,把学校解放出来,从而使学校将精力汇集并发挥资源优势。

六是要想使学生信息化管理工作顺利实行,就要制定学生管理信息资源开发、学生管理信息技术使用、学生管理信息产业及学生管理信息网络建设等各个方面的政策法规,这不仅是高校学生管理信息化工作的蓝图与根据,还是学生信息化管理发展的有力保证及主要条件。

2. 学生教育管理工作信息化的相关内容

(1)物联网方面

物联网是新一代信息技术的重要结构之一。物联网的定义是利用射频识别（RFID）、全球定位系统、红外感应器、激光扫描器等具有信息传感的设备，按照需求进行工作，连接实际物质和虚拟互联网，并开展信息的交互，通过这种方式来对现实物质进行跟踪、识别、定位和管理的一种虚拟网络技术。物联网的作用是在人、物质、虚拟网络之间建立连接，并进行识别、监管和控制操作。物联网是信息产业第三次变革的产物，是继计算机、移动通讯、互联网之后的又一信息时代的焦点，它的发展体现了人类社会的发展、经济的繁荣、科技的进步。

物联网具有广泛的应用，涉及交通、环保、公共安全、智能家居、消防工作、工业监督等多个领域，它是涉及多学科和多领域的综合信息管理系统，是侦察和识别技术、数据处理技术、信息安全保障技术、网络通讯技术等的融合体。

一是物联网在高校的应用。中国高校已经开始物联网的研究，并取得一定的成果。高校已经开设物联网专业和课程构建物联网实验室和物联网职能图书馆等，还利用物联网技术来管理学生、管理校园等，换言之，在高校中随处可见物联网的应用。

首先，物联网在教学中的应用。教育信息化建设是高校信息化建设的重中之重，"物联网"已经成为本科教育的热点专业。高校对物联网的教学主要从以下内容开展：物联网理论知识、物联网工作原理和核心技能、物联网的发展、物联网的相关应用等。

目前，高校已经成立物联网研究学院，并开设专业，物联网可以提高教学的质量。传统教育中，老师和学生的沟通很少，导致对学生的学习情况了解甚少，成为影响教学质量的一个重大问题。随着物联网的发展，老师可以通过传感器来获取学生的学习状态、心理变化等，并根据反馈的信息对教学进行调整，加强和学生的沟通和讨论，以此来提高老师的整体教学质量。

学生对于物联网理论知识的学习和相关应用学习存在很多的障碍，为更加直观地进行教学，有些高校成立了物联网仿真教学实验室。学生在实验室中可以很形象地学会物联网的理论知识、核心技术应用等，并通过自身的学习分析相关案例，进一步巩固和加强学习要点，增加对现实应用情况的学习。这种方式能够激发学生的学习兴趣，并引导学生将理论知识和现实应用进行有机结合。

其次，高校智能物联网图书馆的建设。RFID技术是现阶段物联网的一项重要技术，已经在很多方面进行了普及和应用。物联网是通过RFID技术来实现物质和物质之间的信息传递和交换步骤的,网络帮助实现了从物品信息获取、识别和交换的功能。有些高校利用RFID技术建设了高校智能物联网图书馆。

随着时代的不断发展和更新,高校规模越来越大,图书馆的馆藏需求也越来越多,传统的图书馆管理系统已经不能满足现代的图书馆现状。高校智能物联网图书馆的建立是通过RFID技术设立图书标签,并将其贴在信息录入库中,工作人员能够很快实现图书的管理功能。学校的老师和学生也能够通过智能系统对图书进行查找,很快找到图书位置,并进行借阅、归还等操作。高校在RFID技术的支持下,完善了图书馆的管理系统,取得了重大成效,不但提高了工作人员的工作效率,还简化了学校老师、学生借阅、归还的流程和手续。物联网的发展丰富了高校图书馆的馆藏,为高校学生提供了良好的信息环境保障。

最后,物联网在高校管理中的应用。目前主要是应用在高校学生管理工作、后勤保障工作、安全环境工作等,见表6-1。

表6-1 物联网在高校管理中的应用

应用方面	具体内容
学生管理工作	高校的主要责任是管理好学生,物联网传感技术、RFID技术为学生管理提供了新的技术。在新生入学时,学生的"一卡通"中就植入RFID标签,学校可以实时监测学生的动向,一旦学生触及危险区域,系统会发出警报并将信息反馈给学校相关安保部门,可以减少高校学生的事故发生率,保障学生的生命安全。同时,监测系统还可以用来对课堂进行检测、反馈,运用到学校公寓管理和日常教学管理工作中。
后勤保障工作	学校的第二大任务就是做好学生的后勤保障,物联网的应用实现了教室环境的实时监测功能。教室中装载的传感器会对教师的光照条件、温度、湿度等进行检测和评估,并根据相关的参数设置调整光线、调控温度等。在日常生活设备中也可将物联网运用其中,针对白炽灯、电梯设备、水电设备等进行实时监测和控制,在感应到周围无人时,系统会自动将其关闭,感受到要开启时自动开启。这样既保护了设备,也节约了能源和经费。
安全环境工作	高校规模的扩大必然导致校区面积的扩大和学生数量的增长,高校的隐患和事故发生率也逐年上升。构建平安校园要保障校园范围内的实时监测设备、报警设备等的正常运转,在防御状态下,如果有不正常的行为,就要立即报警并通知有关部门进行处理。

二是物联网对高校学生管理的影响:①加强了老师和学生之间的交流和互动,增加老师对学生的学习态度和心理变化的了解,提高了教学质量;②智能物联网图书馆,不但提高了工作人员的工作效率,还丰富了高校图书馆

的馆藏，对丰富学生知识，提高教学质量有很大的帮助；③学生日常教学和生活管理工作变得更加便捷。在高校设备防丢失方面也有很大的作用，还为学校节省了管理经费，保障了高校的安全性。

目前，在高校方面，虽然设立了相关的物联网专业和课程，但是师资力量的匹配度、教学的应用上都有待提高。物联网的应用本身还有很多不完善的地方，例如，它依赖于现有信息技术、互联网技术和云计算的运用，这三者还处于发展的阶段，还在不断完善和进步当中，可参考的成功案例也有限。还有物联网技术的接口问题也有待改进，物联网的安全性问题也是要重点考虑的，特别是在高校信息化建设进程中。

（2）云计算方面

一是云计算的认知。云计算是在互联网的基础上发展起来的相关服务的增长、用途和交付形式。云是指代网络和互联网。以前的图片中经常用云来代表电信网络，也将它来作为互联网和网络基础设施的抽象代表。广义的云计算是云服务的交付和使用的形式，指利用网络渠道来获取服务并进行扩展的一种方式；狭义的云计算是计算机基础设备的交付和使用的形式，指利用网络渠道来获取需求资源并进行扩展的一种方式。所谓的服务包括了计算机软件和硬件、互联网络和其他相关的服务事项，这表明云计算也可以作为一种价值商品在网络上进行交易。

将计算的算法分别安排在不同的电脑上，不使用本地电脑或者远程服务器进行承载，这种方式更加接近互联网的数据运行机制。企业可以将自己的独家资源合理运用在需要的软件上，根据公司需求和战略来访问电脑程序和存储系统。

云计算是基于分布式计算处理和并行处理、网络存储、网格计算、网络虚拟发展起来的，是通过互联网渠道为客户提供安全、便捷的数据和IT服务的一种模式，属于新型计算机基础设施交付和使用形式，是用户利用网络渠道来获取需求资源并进行扩展的一种方式，包括硬件资源、软件设备和系统程序等。

云计算是新型的信息技术应用，它通过集合网络、信息、存储、服务器等设备，并通过云信息处理成虚拟服务，采用"租用"的形式为客户提供服务。云计算能节约高校信息化建设的成本。云计算概念发展至今已成为热门的信息技术服务，"云端"的便捷性和实用性已经被证实，并且具有很多未开发的功能和潜力。

"云端"应用在高校信息化建设中具有重要作用。高校要思考如何在信息化建设中最大化地利用云技术。"云端"应用已成为高校信息化技术必不可少的部分，有很多国内外校企云端合作的情况都证实了这一观点。

首先，云服务。高校利用云计算技术可以组建自己本校的专属云。它包括学校教育资源、相关软硬件设施等的集合，是高校数据应用的平台。面对需要高配置硬件的软件，高校的学生和教师用户在硬件上比以前好用得多，软件对硬件的需求已经通过高校数据平台来实现。通过这种形式，高校在硬件、服务器等的资金投入就会减少，在不久的将来，相信云计算就会淘汰单机版的软件。通过云计算服务，高校可以使用很多免费的正版软件，举个例子，学校老师和学生可以通过网络渠道申请Office办公软件的使用，只要管理员进行批准。

其次，云存储。云存储是利用联想的主机层的存储来进行管理工作，构建虚拟管理层，并通过不同类型和相同类型的存储结构构建镜像存储库，打破存储的限制。高校的专属云平台可以实现老师、学生、管理人员的资源上传功能。只要是在高校的系统内部的用户都可以上传和下载相关的资源和信息，不受硬件设备的限制。云计算构建的网络环境中，云存储可以用来存储学校和个人的相关信息，资料的安全性和保密性都能得到保障，随时可以利用网络（WEB）进行查看和下载。云存储的服务器类似于FTP空间存储概念，但是又有所区别。FTP是通过一台计算机来完成的，而云存储是多台计算机共同完成的。云存储还具有备份功能，能够解决因计算机发生问题导致文件丢失的问题。

最后，云安全。云计算的数据存储是具有极高安全性的。信息库的更新、管理、防病毒功能都能得到保障。针对以前出现的系统恢复、崩溃等造成的数据丢失情况，云存储不会出现，因为它是通过大量的备份数据和多台计算机组合协同工作的。

二是云计算对高校学生管理的影响。云计算已经在许多高校开始应用，云计算的强大功能带给高校信息化全新的革命。

首先，节约高校信息化建设资金投入。现阶段，高校信息化建设主要在硬件设备、网络设备两个方面进行采买，设备的升级、维护等也需要投入大量的财力。云计算引进高校后，改善了这种状况，学校只需采购配置较低的设备就可以实现全网的运行，硬件的升级和更新换代问题得到了解决，节约了更多的资金。

对高校资源进行整合并组建统一平台是现阶段的任务。想要实现高校信息资源共享，就要先规划信息化建设标准。云计算能同时实现信息化建设、标准统一、软、硬件设备更新和维护功能，能够规整过去杂乱无序的数据，建立能够脱离操作系统、开发和运用环境、服务器配置、软件版本等限制的信息化平台，能够提高资源的共享能力和运用功能，优化资源配置，提高效率。

其次，提升了教育信息化质量，提高了办公、管理效率。还没有云计算的时候，教学信息化主要由教职工来完成，他们要不断提升自身信息化知识，强化信息技术能力，才能够保障信息化教学的提升，实现高效办公。云计算解决了高校教师资源短缺的难题，为老师和学生提供了大量的信息和资源。教师通过 WEB 登陆平台即可实现在线学习、管理和办公功能。学生可通过互联网和老师探讨相关问题，提高了教学质量。云计算的发展也促成了无纸化办公，通过云端来进行快速办公、管理工作，极大地提高了效率。

最后，提升了信息、资源安全。信息安全一直是备受重视的一部分，它扰乱了信息安全系统的运转，单机服务器的不稳定也引起了很多问题。云计算的高效、安全为高校提供了存储的平台，并确保信息的安全性和保密性，能够预防数据丢失和病毒感染。针对系统问题和病毒导致的数据丢失情况不再出现。

云计算虽然凭借自身的强大功能和优势给高校信息化建设带来了便利，但是现阶段，掌握这门技术的人员相对紧缺，高校技术人员对技术应用不够熟练等都是要解决的问题。云计算在高校应用中还处于初期尝试阶段。

3. 学生教育管理工作信息化构建的机遇与挑战

（1）学生管理信息化的机遇。科技和网络技术的快速发展已经让传统的学生管理模式无法满足学生管理工作的需求了，怎样以网络为基础构建学生工作信息化管理平台，为学生营造一个良好的素质教育环境，让管理者有更高的工作效率，其中有很多问题需要探索。时代的进步让学生的思想观念越来越多元化，这对高校学生工作提出了很多新的要求，改革和创新传统的学生工作管理模式势在必行，目前各高校正在加快推进学生工作信息化建设。

处理学生的基础信息是学生工作的主要内容。传统模式下的学生工作不仅缺乏效率，时效性也不强，因为它是单纯地依靠人工收集和统计信息的。而依托于计算机和网络等信息技术构建的学生管理信息系统则不会出现这些问题。学生管理信息系统可以自动处理海量的学生管理信息，并将结果上传到网络，师生可以在自己权限允许的范围内查询相关信息。这可以在很大程度上提高学生管理工作的水平和效率。

信息时代不仅在很大程度上改变了学校的环境，还对当代大学生的思想和行为产生了深刻的影响。高校学生管理工作也要紧跟时代的步伐，与时俱进，从实际出发找到影响大学生成长的各种因素。社会风气、环境、生活方式、岗位等因素都会对学生的思维模式和意识产生影响，若学生没有远大的理想和抱负，不能坚定正确的信念，缺乏社会适应能力，社会责任意识淡薄，则会大大增加高校学生管理工作的难度。高校学生管理信息化的机遇主要有以下方面：

一是信息化实现学生管理工作数字化。互联网技术的快速发展极大地推动了社会信息化进程。当下已经是信息化时代，社会信息化会给高校学生教育工作带来极其深远的影响。学生管理工作也因此正在逐渐走向数字化。以前，高校会让每个学生都填写一张信息登记表，用以采集和统计学生的基本信息。而现在，学生信息的采集和统计已经实现了数字化，只需通过数据库就可以找到所需的学生信息，不用再费时费力地翻找学生信息登记表，在节省时间的同时又提高了效率。此外，高校在建设数字化校园的过程中，为了达到数字化校园的要求和标准，会让每一个系统都兼容中心数据交换平台，因此，中心数据库中会包含所有系统的数据。这不仅让学校数据管理实现了集成化、标准化和权威化，还保证了数据的有序性、一致性、完整性和共享性。在方便用户的同时让职能部门可以更规范和科学地开展学生管理工作。

高校学生管理信息化能够简化学生管理工作的内容和管理流程，使其从繁重的人力劳动中脱离出来，在降低人力成本的同时还减少了工作量，更重要的是可以减少不合理的人为因素，尽量避免工作中出现的错误，保证工作的质量和效率，从而让学生管理工作实现制度化、科学化和规范化。以浙江工业大学的学生综合管理平台为例，学生基本信息已经实现了数字化，学生可以通过系统使用统一认证、日常事务和心理健康等功能，这让学生的生活和学习变得更高效和便捷。

高校的信息化建设不仅为学生的学习和生活提供了极大的便利，还让学校管理部门有了更高的工作效率。所谓数字化是指通过现代信息技术，用数字格式存储和传播图像、声音、文本、动画等信息，简单来说，数字化就是用计算机处理各种信息。数字化校园是非常便捷的校园管理系统，

第六章　信息化背景下的教育教学管理

它需要以校园网作为媒介，让所有的管理和服务都实现信息化。同时，校园的主干网络要与校园网相互对接，并让食堂、图书馆等自助终端设备与校园主干网络相连接，这样才能让教师教学、教师教育研究和学生事务管理实现信息一体化，让全校师生享受到更快更好的信息服务。数字化校园的目标是建设一个有着过硬信息技术、应用范围广泛、理论结合实践的信息系统，这样才能让信息服务实现智能化、数字化和信息管理自动化。智能化的电脑系统可以帮助学生事务管理实现信息化。学校的各个部门在实现系统对接之后就可以共享数据库，这能够让各个部门不再各自为政。相比于传统的信息传递模式，数字化的信息可以有更快的传播速度和更广的传播范围，这可以让工作效率得到大幅度的提升，从而加快数字化校园的建设进程。

二是信息化强化师生之间的沟通与反馈。高校大学生是一个特殊的群体，他们有着较高的文化层次，可以很快地接受新鲜事物，如今网络已经成为他们生活中不可缺少的一部分。高校大学生是受网络影响很大的一个群体，而这在很大程度上方便了高校开展学生管理工作。此外，信息技术的快速发展让高校学生管理工作可以使用更多低成本、高效率的信息化沟通方式，这不仅让高校学生管理者与学生之间的沟通更加顺畅，还提高了沟通的效率。

现今社会，高校学生都在使用微信、微博和 QQ 等信息化媒体。高校的学生工作人员也开始使用信息化的沟通方式，因为他们意识到了信息化手段不会受到时间和空间的限制，而且这与大学生群体在当下的沟通习惯一致，并且会让沟通变得更高效、方便和快捷。尤其是高校辅导员，不少辅导员为了能够与学生及时进行沟通，经常会在日常工作中使用微信群、QQ 群等信息化的手段，这不仅可以让高校辅导员的学生管理工作变得更高效，还让他们和学生之间有了更多的交流，增进了师生之间的感情。

相比于传统媒体，微信、微博等网络新媒体明显有着更强的主动性、移动性和互动性，这也是其能够得到更多人喜爱的原因。微信、微博等新媒体更是深受高校学生的青睐，如果可以通过新媒体打破大学生教育工作的局限，加强教师与学生之间的沟通，那么一定会让大学生教育有更好的实效性。不仅如此，传播迅速、方便共享、信息量大是网络新媒体的优势所在，因此，高校可以在学生管理工作中广泛地使用各种新媒体，这样就可以将先进思想、时事资料和优秀案例等信息及时、快速地传递给学生管理工作者，这不仅可以丰富教育工作的内容，实现教育工作的多样化，还能够开阔大学生的视野，增加他们的知识，从而让大学生管理工作取得更好的效果。

三是信息化推动学校工作载体的不断创新。学生管理工作信息化可以推动高校工作尽快地实现现代化和高效化。学生工作信息化管理不仅是高校在发展过程中要实现的一个重要目标，还是信息社会的一种表现。现阶段，学校信息化确实在很大程度上方便了学生的管理工作，使其有了更高的效率。如在查询学生信息时，以往需要一个个地翻找学生资料才能找到需要的学生信息，不仅效率不高，还费时又费力，但现在只要在学生管理信息系统中输入要查询的学生信息就可以快速找到，这让学生信息查询变得快捷又方便。

交谈、报纸、电话、广播、书信、电视等都是非常传统的高校校园载体。但随着信息化时代的到来，这些载体已经无法满足人们的需求了。互联网已经成为信息化时代的主要载体，因此，教育载体也要响应时代的号召，尽快跟上信息化的发展步伐。学生会利用网络的虚拟性成立虚拟的网络社区和共同体等。越来越多的人也开始使用微博、微信、QQ、短信、网络心理咨询等信息化的交流方式。信息技术的快速发展意味着教育载体也要不断更新，这样才能让传统教育载体得到补充，使教育载体满足宽领域、多元化的要求。

首先，建立内容丰富、功能完善的学生管理工作网站。网站是高校学生管理工作不可缺少的一个工具，一个功能齐全的网站是开展信息化管理工作的基础，虽然网站是虚拟化的，但工作人员依然可以利用网站查询和浏览各种信息。

学生管理工作可以通过数字化和信息化网站体现出来，学校可以利用网站进行网络宣传。在建立学生管理系统网站时既要明确教育主题，又要与学生管理工作形成紧密的联系，同时还要输出有思想性的内容，并确保内容的实用性，这样才能加快实现高校学生信息化管理的速度。学生信息管理需要以学生网络化管理平台为基础来进行，将通知、公告、政策和成绩上传到校园网站供全校师生浏览，不仅可以让大家及时了解学校的动态和信息，还可以让大家享受到便捷的信息服务。时间和空间不会给互联网带来任何影响，所以教师和学生可以通过互联网随时随地进行沟通，以了解学校的各种信息。学生也可以在互联网上发表自己的看法，咨询自己在学习和生活中遇到的各种难题，释放自己的压力，避免由于心理压力过大而产生一系列问题。

其次，开发系统化高校学生管理系统。高校信息管理系统主要是通过计算机来完成学生管理工作的，因为其具有强大的记忆、检索及存储的能力，所以是学生管理工作过程中必不可少的一种系统。其信息具有公开化和透明化的特点，并且操作简单，所以得到了广大师生的认可。除此之外，在工作上也节约了大量的时间，提高了工作效率。只有对系统不断地进行完善，才能满足广大师生的要求。开发系统化学生管理具体见表6-2。

表6-2　学生管理系统

主要方面	具体内容
组织管理	高校的学生组织主要包括青年志愿者协会、党支部、团委、学生会及各种社团活动等。在整个学生管理工作中，各级干部和学生发挥着不可忽视的作用，他们为老师和学生之间架起了一座沟通的桥梁。 由于学生干部对学生管理工作起着至关重要的作用，所以要认真挑选学生干部，为了保证学生工作有条不紊地开展，要充分发挥学生干部的作用。系统化、科学化的管理学生干部有助于顺利开展学生管理工作。用科学的方式整理和录入与活动相关的所有工作资料，可以为之后的查询和借鉴提供很大的便利。要做好资料的整理工作，从而为后期的活动做好准备。
综合测评工作	测评是对高校学生最重要的考核办法，能够对学生展开全面的评价和考核，但从实际情况来看，这项工作不仅需要花费很多的时间和精力，还不能做出准确的判断。因此，学生对高校的测评工作存在诸多不满，进而引发了一系列问题，甚至对其出现了抵触情绪。为了避免这种现象，应建立公平公正的测评机制，从而确保每个学生的权利和义务。计算机信息化有着自身的特殊性，我们可以通过应用这项技术来完成任务，从而尽可能地降低人为因素带来的影响。
档案管理	建立档案是学生管理系统最基本的工作，电子档案的建立对学生信息管理起着至关重要的作用，因为电子档案不仅可以清晰地反映出学生的基本信息情况，还可以避免信息出现误差，确保信息的准确性。

最后，建立符合学生工作管理的网络平台。要以学生管理工作的网站为基础构建一个与学生需求相符的工作管理平台，以此来满足学生的需求，进而将其所需要的各项事务工作进行汇总。网络具有快捷、高效、覆盖面广等优势，合理利用互联网这个平台可以为学生管理工作提供很多的便利，所以我们要充分利用网络来提高工作效率。建立符合学生工作管理的网络平台具体见表6-3。

表 6-3 学生管理网络平台建设

主要平台	具体内容
建设学生就业信息	各大高校不同程度的扩招，导致目前大学生就业问题突出，需要在学生信息管理网站上建立一个毕业生就业信息专栏，从而为即将毕业的学生提供最新的招聘讯息，这项工作的开展非常有必要，是使高校生源稳定的准备工作。
心理咨询中心系统	很多大学生都存在心理问题，学校领导要高度重视大学生的心理问题，并且要把这项工作提上学生管理工作的议事日程。学生管理系统网站围绕大学生心理问题开设的功能，主要将心理健康教育服务提供给学生，将出现心理问题的学生所需的帮助提供给他们，同时，还可以利用网上咨询的方式及时解答学生的心理问题。
学生社区交流系统	虚拟性是网络空间的主要特征，主要是将网上交流服务提供给大学生，让他们在这个平台上围绕不同的文化主题进行交流和讨论，加强互动与沟通，学生之间的感情不断增强，使他们的课余生活更加丰富多彩。

四是信息化创新高校学生人才的培养方式。高校以国家培养人才的目标和质量标准作为重要依据，专门针对大学生的素质结构、知识和能力的提高及如何推动这种结构实现的方式就是人才培养模式。专业化、统一化及模式化是传统的高校人才培养模式强调的重点内容。如今，应用最多的育人模式是集学校、社会和家庭于一体的三位一体模式。在这种三位一体模式中，学校、社会和家庭分别扮演不同的角色，拥有不同的育人功能，它们各司其职，完成好每一个环节和每一项工作，但是因为这三方面在沟通和共享信息方面存在一定不足，无法对学生之间的不同需求进行及时了解，无法对不同的学生提供不同的培养模式，所以在推动学生全面发展的过程中稍显不足。随着信息化时代的到来，人类智能化的创造力受到广泛应用和越来越多的认可，这极大地改变了培养人才的方式、社会实践方式和经济活动方式。高校必须坚持与时俱进的原则，与社会的变化发展和对人才的需求相结合，不断改善人才培养模式，对人才的能力素养和职业素养进行培养和提高，让他们在计算机应用方面拥有更高的能力和水准，不断提高他们的思维判断力、科学实践力，如此他们才能更好地应对现代化信息社会的挑战。

大学对人才的培养必须与信息化的时代和社会背景紧密联系起来，这样才能为社会培养出真正需要的人才，增强优秀人才的市场竞争力，使高校在信息化建设方面的进程和速度不断加快。就目前来看，校园网络成为高校发展信息化的重要基础设施，还处于信息化需要加强和完善的时期。以往实施的人才培养模式就像制造产品的机械，培养方式过于机械化，无法培养出社会发展真正需要的人才，无法满足信息社会对人才的需求。因此，我们要把握高校信息化建设的良好契机，革新人才培养模式。同时，还要通过改变人才培养方式促进高校信息化的进一步发展，以实现信息化建设和人才培养的共赢。

除此之外，大学生的人生观和价值观也会受到网络时代的影响，使他们的言行举止也发生变化。网络聊天工具、社交软件已经成为大学生交流的主阵地，他们喜欢利用学校的官方网站、官方微博、QQ群、微信公众号等媒介对各种信息进行了解。而且基于信息技术的日新月异，大学生的生活更丰富、学习更方便，但也增加了管理工作的复杂性和难度。

（2）学生管理信息化的挑战。首先，学生管理工作会受到信息化思维的影响。社会迅速发展的大环境是大学生成长的重要基础和根基，高校探索和研究学生管理工作时也要与社会发展的大环境紧密结合。虽然信息技术的广泛应用便利了高校的学生管理工作，但也为学生管理工作的开展带来一定挑战，特别是如果不采取相关举措加强管理和约束虚拟化的信息网络，那么必然会不利于大学生思想观念和身心健康的发展。

不可控性是信息化时代信息交流和传达的突出特征，在该特征的作用下，教育的复杂程度不断增加。虽然信息技术和网络的普及应用推动了共享信息资源和便捷交流的实现，但也让高校在开展学生管理工作的过程中面临许多难题，在大学阶段，学生尚处于形成人生观、价值观和世界观的关键阶段，外在文化很容易对他们产生作用和影响。虚拟的网络增强了人们交流的间接性。学生基于网络利用人机交流方式与他人沟通，日积月累，道德判断能力和现实感会不断削弱，最终会对学生形成正确的三观产生不利影响，无形之中使高校学生管理工作的开展更加不易。

其次，管理人员的素养会影响到信息化管理模式。以人为本是高校开展学生管理信息化工作的重要原则，以服务于学生的成长和成才作为根本宗旨，同时也将更多的便利性、便捷性提供给学生的生活和学习，但是在现实的校园生活中，一旦高校在建设信息化时忽视了学生的发展，便会颠倒信息化项目的主次，导致学生认为信息化产品与自己毫不相关。归根结底，学生管理信息化工作的成效决定了高校学生对数字化、信息化的观念和态度，所以，当前高校学生应用信息化的能力与高校信息化的发展预期不相符，无法使信息化产品应用的效果充分体现出来。

同时，日益普及的信息技术也加剧了高校学生管理信息化要求工作人员具备更高的素养和高校学生管理工作者当前具备的素养之间的矛盾。总体来说，学生管理工作者信息化能力和素养的水平决定了高校学生管理信息化工作的开展情况和建设情况。就当前来说，高校在建设信息化队伍方面存在的问题主要包括：①管理人员的信息管理意识有所缺乏，导致管理工作效率难以提高。在开展学生管理工作信息化的过程中，学生工作管理人员拥有的信息技术水平的高低很容易体现出来，如果他们拥有较低的信息化水平和能力，无法对现代信息技术进行灵活运用，不管拥有多么先进的软件和硬件设施，信息化建设也难以获得理想中的效果。②随着计算机技术的日新月异，几乎所有高校的队伍中都有计算机专业技术人员，但是这些专业技术人员很难对相关计算机发展的前沿技术和新型技术进行全面跟踪。对新的计算机技术进行学习是他们的主要工作内容，而不是对本单位的实际业务工作进行全面了解。所以说，他们对高校内部多个职能部门的业务情况没有形成充分的了解，便难以透彻理解和深入掌握协同办公的理念，无法在高校的实际业务工作和信息技术之间建立起一定的关联，也难以对学生管理信息系统的建设方案进行改良和完善。

4. 学生教育管理工作信息化构建的基本思路

社会经济的繁荣发展将信息化推向社会主流，信息化的建设又促进政治、经济和文化产业的发展，信息化带动了社会各个层面的改革和创新。高等教育是治国之本，高校学生的管理模式也在信息化浪潮中不断创新。信息化提高了学生学习和生活的质量，提高了高校管理部门的管理效率，它是数字校园的推动力，是高校教学、管理、学术研究等统一的标志。同时，它创新了高校人才培养模式，带动了高校人才培养的浪潮，符合社会发展需求，帮助毕业生在社会上有立足之地，促进经济的繁荣和发展。人才培养模式的创新必将促进高校信息化管理的发展。

随着信息时代和网络时代的发展，个人微计算机、平板电脑、智能手机已融入大学生活和学习之中。大学生是手机网民的主要构成部分，他们在利用新媒体、传播新媒体信息等方面都很在行，能够快速扩散信息、收集大量信息，同时，还具有很强的独立特性和开放性。这些都对高校大学生的人生观、价值观、学习观产生了很大影响。

随着科技的进步，乃至 5G 网络进一步普及，智能手机和无线网络持续发展的背景下，在调研中高校在校生基本上都使用了智能手机，电脑终端在校园、公寓都能够方便地使用。新媒体促进了微信、微博、抖音、知乎等平台的广泛普及，成为公众交流信息、表达意见的自由论坛，成为社会交往的大舞台，创建了一种全新的信息传播环境。信息渠道的畅通，导致每时每刻发生的事情，都可能在第一时间传播于大学生中间，无处不在、无时不有的网络信息的存在，深刻地影响着大学生的思想与成长，也改变着传统教育管理的环境与方式。应对这一新的形势，需要从理论上研究信息化时代践行社会主义核心价值观的新要求，在实践上探索教育创新之策，更好地为教育管理创新服务，促进大学生在教育、管理、服务中得到更健康、更全面的成长。

（1）学生管理工作信息化建设的必要性

一是推进学生管理创新是适应高等教育大众化发展的需要。近年来，中国高校教育发展迅速，在规模和在校生人数上都有很大增长，高校内部的结构和管理也进行了优化，对学生公寓、食堂、学分要求、班级概念等都进行了革新，这些新的变化和创新都加重了高校管理人员的挑战。高校管理人员要通过不断的学习、培训、创新才能够管理好新型的高校，才能符合时代的发展和学生的需求。

二是推进学生管理创新是加强和改进学生工作的内在需要。学生管理主要是对学生思维、规章制度、学习活动等方面进行正确的引导和开展管理工作。学生的价值取向、生活方式等都受到社会和时代的影响，向生活多样化、思想开放化、经济变革性等发展。在这种开放的教育环境中，学生受到各种观念的影响，主观意识、民主意识等不断加强，造成学生更加凸显个性，实现自我。这种情况下，如果还是按照传统的方式来管理学生，只能适得其反。高校管理者要利用新时代的方式、按照学生的生活方式去接近和管理他们，才能够实现管理工作。要利用特殊的管理思维，在理念、方法、模式上进行创新，只有这样才能够充分发挥管理人员的作用，能够被学生接受。能够有效对学生开展管理工作。这不但是高校学生管理的基本需求，更是高等教育对教学质量提出的新要求。

三是推进高校学生管理创新是培养创新人才的需要。随着科学技术的不断发展和进步，要想满足社会对人才的需求，必须加大对高校学生的培养力度，培养出综合素质足够高的专业化人才。要想实现这个人才培养目标，必须加大教育创新和制度改革，不仅要创新教育管理观念，还要创新人才培养模式。在高校教育中，学生信息化管理工作比较重要，也是培育人的主要方式，学生管理创新不断是培养创新人才的需要，也是高校教育创新的主要内容之一。

（2）学生管理工作信息化建设的创新思路

一是树立高校人本教学观念。要加强对学生的情感教育，在日常的学习、生活中加强对学生的思想引导和情感沟通。首先，要以人为本，充分尊重学生；其次，教学过程中要注重情感交流，将情感融入教学中，从而达到教育的目的；再次，要充分尊重学生，以感情因素来打动学生，充分引导学生正向发展，在教育和管理中做好转化；最后，通过情感交流来引导学生的思想，要经常对学生进行褒扬和激励，以帮助学生养成高尚的道德情操。

树立师生间的平等意识。要想促进师生之间的良好交流和沟通，必须采取有效措施，改善师生关系。对于师生关系而言，对应的是平等的关系，是基于人格平等上的合作交流关系。在师生关系的建立中，必须凸显出学生的核心主体地位，教师要起到良好的引导作用，学生才是学习的主人。在具体的教学管理活动开展中，教师要让学生学会自我管理，不要进行过多的干预。

建立针对性的制度规定，尊重学生的个性差异。①制度建设是班级管理中的重要举措，但是制度的制定与实施，应适应不同班级的特点，符合大学生的年龄特征，而不能以检查、纠偏、惩罚为目的。②针对素质教育而言，其核心是个性化教育，针对不同的学生而言，是存在一定差异性的，要想从根本上提升教学效率、保证教育成功，就必须尊重学生，采取个性化和专门化的教育方法，针对不同的学生，要采取不同的教学方法，通过加强个性化教育，可以为学生创设良好的学习环境和学习氛围，从根本上提升学生的思维创新能力。

树立"学生是发展中的人"的意识。处于教育阶段的青年学生身心尚未完全成熟，他们还处于不断发展和成长的过程，有待开发潜质和技能。在学习过程中，除了与生俱来的遗传优势外，环境对他们的影响也尤为重要，从身心两个方面而言，遗传因素、环境因素、教育手段是共同作用于学生的成长的，在三者的作用下，学生身心逐渐发育成熟。这种成熟的发展是不固定的，波动非常大。所以，学校老师和管理工作人员要从学生的角度出发，不要按照成年人的要求、自己的标准和固有观念去教育和指责他们，也不能对其不管不问，而是要针对学生不同阶段的心理变化进行有针对性的引导和教育。

培养学生的责任意识。学生的道德教育是班级管理中的重要内容。一方面，不能抑制学生的独特性，要培养他们正确的观念，打破等级观念的束缚；另一方面，要培养学生的大局观，引导他们牺牲自我的利益，实现大我。

二是强化以学生为本的教育管理观。教育活动是根据教育理念开展的。在进行学生管理变革时，先要发扬"以学生为本"的观念，充分尊重学生的个性，鼓励全体学生参与，这是做好管理工作的基础。现代管理学中指出，人这种资源是最核心的资源，是管理工作中的第一要素。学校管理人员要将学生作为所有工作的重心，要以学生为中心开展活动，充分尊重学生、关爱学生、鼓励学生，要时刻不忘满足学生的合理需求，并引导他们开发自身的主动性、创造力和积极性。总而言之，就是要在学生管理的过程中充分了解学生需求，帮助学生提高综合素质和专业技能。管理要具有民主性和主观能动性，使学生意识到他们是管理的核心，除了被管理，还有管理的职能。要帮助学生培养对自我的管理、教育和服务。

高校学生管理工作具有全员参与性，所有的高校成员都有着自己的作用。在管理工作开展过程中，仅依靠管理部门的努力是不够的，而是要充分发挥各人群的主观能动性，鼓励他们主动加入高校管理工作中。要充分加强高校管理部门的教育意识和管理理念，积极邀请校内专家、社会优秀人才参与到高校的管理工作中来，同时要在学生群体中培养学生管理团队。在多方共同参与协助的管理模式下才能够实现高校、社会、家庭三者协同发展的新局面，才能够将高校的服务职能、管理职能、教育职能进行充分结合，形成新的管理合力。

三是构筑学生管理信息创新平台。科学的进步非常迅速，信息化和互联网技术的发展迅速。随着数字校园和网络校园的发展，高校已经成为网络用户最多的地区，大学生自然是数量最多的网民。新时代下的互联网给学生带来了极大的帮助，已经成为学生日常学习中获取知识的途径，对他们的人生观、价值观、世界观产生了深远的影响，但是却加重了大学生的管理工作。高校管理人员要进行计算机相关知识的培训，加强网络知识的学习，并在学习过程中掌握新的方法开展学生管理工作。在管理中，提高自身的信息化技能、科学化技能，这样的管理方式才能受到学生的喜爱。

首先，要构建学生信息数据库。新时代下，信息是管理的核心，熟悉学生的相关信息是管理工作的第一步。所以，新生入学时，就要对学生进行相关信息的采集、整理、登记、上传工作，特别要注意特殊学生如贫困生资料的收集。之后针对学生的成绩、奖惩情况等进行更新录入，保存为电子档案，为日后查找学生信息提供详细资料。

其次，打造学生管理服务平台。可以通过线上渠道对学生进行管理，在网站、腾讯QQ群、微信等社交媒体上开展管理工作。学生的管理服务平台要符合学生的需求,贴近学生的思想、生活和学习。要采用民主、平等、开放的形式开展网上讨论,扩大讨论量,打破区域限制。改变传统的单向沟通机制,实现双向沟通,这样有助于提高学生的讨论积极性和发挥学生的主观能动性,能够增进管理工作的亲切感。

四是健全学生管理机构的创新运行。学生的管理团队在高校管理工作中发挥着重要作用,他们是主要的执行人员。管理机构作为整个管理体系的坚强后盾,通过发展学生管理团队、健全学生管理机构促进高校管理资源的合理分配,为学生管理机制创新贡献力量。现阶段,高校管理团队主要以班主任和辅导员为主,学生的管理水平反馈的就是他们的管理效果。学校应该从辅导员的优势出发来构建和整合学生管理团队,打造更高水平的管理平台,根除学生的应付思想。在奖惩制度上也要进行加强,激励管理团队的斗志,培养岗位责任感。高校的党委学生工作处是学生管理机构的指导者,他们主要负责学生工作的安排和执行。作为执行单位,要充分发扬管理的公平性,要更加细致地管理学生,并完善相关的线上线下管理办法。通过这种多方的机制革新,明确管理的目标和职责,并将管理人员中的辅导员、班主任、学生团队进行有机结合,及时沟通,进行有关工作的汇报、反馈和相关问题的探讨,这样能够更细致地开展管理工作,达到更好的管理效果。

五是建立多维主体的学生管理体系。通过相关的规章制度、行为准则和管理办法对学生进行思想和行为的教育,并培养学生的思维能力、学习能力等,就是高校学生管理。学生的思想和行为是受到多方面影响共同作用的结果,因此,对高校学生开展管理工作要进行多方面的管理,这个过程中,学校是学生管理的主体,管理的重要依托,家庭是重要的辅助手段。

首先,学校是学生管理的主体。学校的规章制度及相关管理方法可以对学生学习行为起到导向作用。在高校学生管理中,必须在结合学生思想特征和实际情况的基础上,明确科学合理的人才培养目标,还要在结合学生身心发展规律的基础上,实现刚性管理和柔性管理的有效结合,凸显出思想教育的激励价值,从而营造出良好的教育管理氛围。

其次,公寓是学生管理的重要依托。学生公寓是学生学习、生活、社交、娱乐的重要场所,更是连接学校和社会的纽带,近年来,大学城和大型学生公寓的发展使得学生在思想、价值取向等方面都有了很大的变化。大部分学校在学生公寓中成立了管理中心,加强了对学生的管理力度,从各个方面都能对学生进行监督和管控。管理中心在公寓管理、公寓文化建设方面都有正向的推动作用。学校的相关管理单位、学生组织要加强学生的沟通和交流,网上汇总学生的相关问题,并探索解决方案。避免学生在公寓活动和相关管理工作中逃避责任,提高管理的效率。

最后,家庭是学生管理的重要合作者。要想加强高效学生信息化管理,还需要学生家长的配合,高校教师必须加强和学生家长的交流沟通,创新并完善学生家长联系制度。例如有的家长在保持电话联系的同时,还发邮件或登录学校有关网站留言反馈学生的信息,交流教育经验,为推动学生管理起到了积极的作用。通过严格遵循学生家长联系制度和标准,可以从根本上促进高校学生管理工作的有效落实,还可以扩大学生管理方法的应用范围,从根本上优化学生管理效果。高校学生管理创新工作难度是比较大的,针对高校学生管理人员,必须在结合信息化思维特点的基础上,不断创新和完善学生管理方法,还要及时了解学生管理变化情况,从根本上推进学生管理创新。

5. 学生教育管理工作信息化构建的主要方法

(1)思想理念方面的建设。学生管理工作创新的基础和前提是理念创新。理念是高度凝结的集体式智慧,核心是自主创新能力,既强调外在显性理念,还强调潜在的隐性理念。高校学生管理工作的创新,要让学生管理工作人员都能够与时俱进,及时更新个人理念,形成创新高校学生管理事务,提升管理工作效率的新理念。更新高校学生管理创新理念的具体途径有以下方面:

一是管理人员要有加强服务意识的理念。高校内的信息化系统服务于校内的所有人,其使用主体就是校内的管理人员。在信息化建设的过程中,高校教师参与网上办公正是一个重要的方法。高校管理人员应当着重培养自身的服务意识,从服务的角度出发,为信息化办公系统的进一步完善提供合理化的建议,从而改善信息化系统。在我国大多数高校中,管理人员并非教师阶层,其专业可能不同,一部分非信息化相关专业的管理人员相应的能力水平比较低,所以,对这一部分人而言,使用信息系统具有一定的难度,在使用的过程中往往会出现各种各样的问题,传统的办公模式才是他们所熟悉的。因此,在信息化建设的过程中,需要高校加强对学生管理工作人员的培训,从而帮助其形成自觉使用信息化平台的习惯。信息管理人员应当加强对信息化本质的理解,紧跟信息化发展的步伐。为了使管理人员对信息化系统的使用更加轻松,高校应当加强对其使用意识的培养,从而节约成本、提高效率。

二是学生要积极使用信息化系统。应用现代化信息手段的优势在于,既能够帮助学生大幅度提高学习效率,还可以帮助学生培养学习的灵活及自主性。目前部分高校已经开始使用校园一卡通,它的大小与普通的银行卡相似,其中包含有学生的诸多信息,如借书卡、饭卡、学生证等,使学生的生活更加便利。学生的学习生活也因为大量信息终端的介入而充满了大量信息化内容,这样的改变使得如今对于学生信息化素养有了更高的要求,同时也带来了明显的优势。学生们对于新事物的接受能力是较强的,因此对于使用信息化产品也会更加热衷,从高校学生的性格特征及心理特征进行分析,高校仍然应当注重培养学生的信息化素养、正确引导学生进行资源的开发及应用,使学生们能够免疫不良信息,对学生的学习生活起到辅助支持作用。

三是技术人员要树立服务意识、合作意识。在对高校信息化进行建设及维护的过程中,信息技术人员发挥着主导作用,所以高校应当保证相关技术人员时刻跟随科技发展的进度。由于受到专业的限制,技术层面成为许多工作人员的出发点,这也导致其无法准确地对各部门的需求进行把握。所以,高校中的信息化技术人员和普通技术人员之间有着不同之处,对于其服务意识的培养应当给予足够的重视。在进行调研时,首先应当同行政及其他管理人员和学生进行沟通交流,了解不同人员所具有的不同信息化需求。使用信息化产品时,信息化技术人员应当能够准确地把握产品,同学校实际情况相结合,提升其创新以及务实性,从技术层面出发、同时结合实际应用当中所产生的需求来综合性地对信息化进行设计。

在高校学生信息化管理当中,还要严格遵循"以人为本"原则,要做好关爱学生和保护学生,促进学生的个性发展,从根本上提升学生的独立思考能力,加大对学生全面发展及学习需求的关注度,旨在促进学生健康成长和高效学习。

信息技术同时具有通信及自动化的功能,这对于各种管理应用系统的构建有着帮助作用,可以进一步提升管理效率。除此之外,超强大的交互功能及通信功能可以保证与学生沟通的畅通无阻;通过对信息技术的应用来实现各类应用平台的建设,对管理机制不断进行创新,不断加强管理及服务水准,最终使网络具有传承人类道德普遍价值的功能。高校应当对建设网络平台给予足够的重视,围绕人类道德普遍价值教育这一问题,开展相关的网上交流、教学、论坛、辩论赛等,并通过校园的论坛、博客等进行有关信息的报道,在不断交流渗透的过程中积极引导学生树立正确的价值观,从而完善网络平台，加强民族精神，提升网络所具有的影响及宣传能力。

（2）业务流程方面的建设。高校的核心重点是为国家培养和输送人才，高校的学生事务是高校的重点业务。新生入学时，从报到注册、学籍资料整理、就业指导、实习支持、心理疏导等工作需要各个部门协同处理。就新生报到流程而言，学校管理部门、学院、学生处、资产处、财务处、保卫处、网络部门等都需要加入迎新工作中。这些部门如果实现了联合办公，新生报到的手续将会顺利很多。现阶段，高校学生事务的效果直接反映了高校的办学和管理水平，随着高校信息化的建设，学生事务需求越来越多样性，因此，要对高校学生事务的流程进行简化和创新，以满足学生的特殊需求和时代要求，学生和管理人员工作的匹配度是重点内容。高校信息化的发展需要教学部门、财务部门、安保部门全力合作，以此创新管理办法，从中我们看出高校学术观念管理的信息化本质上是对流程的规范。要想实现高校学生事务管理的变革和创新，就要找到管理工作中的缺陷，要始终将优化学生管理流程作为重点，突破传统的职能导向管理办法，将传统管理的优良传统和现代的管理办法进行整合、消减等，达到管理的最高效率和流程简化。高校传统管理流程可以从以下方面进行改进：

一是要在信息平台下实现组织结构扁平化。高校学生的管理是在专业调研数据的支撑下开展工作的，在高校简化的管理流程建立之后，要减少管理层的数量，让整个组织架构轻便易操作，在提高管理效率的同时，缩小校领导和学校老师、学生之间的距离，以此来优化组织结构。通过流程型组织结构的建立，以目标和任务为指导开展工作，重视各个流程阶段对于工作的分配和人员布局。这种形式加强了各部门的沟通和交流，使得信息上传下达通畅无阻，各部门的优势在流程中不断得到体现。例如，传统的管理模式中，校领导想要了解学生的情况，需要从职能部门到各学院到辅导员到学生干部等层层反馈才能得到准确的信息。在信息化时代下，校领导可以直接查看学生的相关信息，不仅节约了校领导的时间，还能保证获取到的数据的真实性。

二是要在现代信息技术的网络化基础上构建协同管理的平台。高校管理工作是一件细致的工程项目，信息技术是保障项目顺利执行的重要手段，通过构建协同管理平台能够对获得的各种信息和资料进行管理和个性化处理，借此来克服以前部门之间资料浪费严重的问题，以实现信息的高效共享。目前，大部分高校开始构建数字校园，在新进的科学技术、互联网技术的配合下，高校学生管理的工作全面实现数字化处理，通过信息化的管理方式和信息传递模式来减轻教育的负担，推进教育管理工作的规范性和科学性。

三是对相关业务进行集成，简化业务流程。在完成协同管理平台构建之后，就要对业务流程进行优化和创新。可以通过清理无效活动、综合任务考察、流程顺序简化和技术自动化等途径来开展工作。要保障信息来源的统一性，避免信息传递造成失真，以来保障流程的效率和真实。在各部门间的沟通和交流上简化结构组织，将相似功能的部门整合成一个部门。相应的活动也进行综合处理。在处理学生信息时，信息的公开化很好地解决了传统工作中众多中间层的传递，计算机的自动化处理功能代替了人工的统计、录入工作，将学生的工作重心转移到信息的加工和二次开发上，提高了解决问题的效率。

（3）组织结构方面的建设。在信息化逐渐普及的背景下，高校学生管理组织的创新结构能够为其发展提供强有力的支持。管理的信息化并非指在目前基础上加入计算机、多媒体设备或相关的软件，而是应当基于现代大学管理理念不断地优化调整高校学生管理各种资源以及环节，进行科学的定位，对信息流程进行合理化设计，从而确保在网络环境当中各种资源传输的及时准确性，能够为各项管理工作提供坚实的基础。所以，高校想要进一步实现学生管理信息化，首先应当在组织结构所具备的原有基础上进行进一步的更新设计。

目前高校信息化建设过程中所产生的发展趋势是：成立相关工作领导小组或是委员会，增加信息主管（CIO）这一岗位，由高校一把手直接进行领导，并对校园信息化建设主要负责。在实际工作的过程中，CIO负责信息标准以及政策的制定，管理全校的信息资源、对各个职能部门以及行政管理人员进行协调，从管理这一角度出发，对信息技术进行选择和使用，通过对信息资源的反复筛选和深度挖掘来完成对于数据的准确利用。信息化组织体制具有CIO结构后既能够对管理体制的改革起到促进作用，同时还能够帮助调整学校专业结构，从而促使高校的管理决策层得到进一步的提升。除此之外，还需要保证信息化领导小组的进一步完善与信息化组织结构调整。

一是学生教育管理工作信息化组织的主要结构。首先，直线型层级结构。从我国的目前状况来看，高校中所存在的学生工作组织结构，其主体为校院两个管理层级之间相互结合的管理机制，是一种直线型层级关系。这种层级结构对于相关职能部门以及院系的快速控制主要依靠决策的快速性和指挥的灵活性，使得校内的资源能够进行有效的整合，从而使得全局工作能够顺利进行。不过这样的管理过程也存在不足，导致多层领导出现条状分割状况，职能之间会发生相互重叠，另外一个问题就是沟通协调存在着困难，在多部门参与的过程中，横向协调性至关重要，无法专业化地对工作进行指导，就极易导致负责领导及非负责领导都不会管理的状况。由此可以发现，直线型层级结构中具有较大的组织跨度，这导致了学生工作的管理很难由党政一把手进行完全的控制。教学科研往往被当作是高校的中心工作，相较于学生管理工作，被认为更加重要。

从另外一个角度来看，高校学生工作信息传递通常需要经过多个层级相关管理部门人员，流程相对冗长，在这样的环境下运用直线型层级结构极易导致信息传递的不顺畅，甚至会导致传递出现障碍或信息失真。

其次，横向职能型结构。我国目前仅有少数高校在应用横向职能型结构，其主要特点为包含有条状运行机制和一级管理体制，参考西方高校中的学生事务管理模式。由于这种结构的管理机构设置及管理权限分配是在学校层面来进行的，依据分工的不同由不同的职能科室来对学生和社团展开工作，学生管理工作最大的特点在于多头并进及学校直接开展。与之相同的是，管理层级因为大的组织跨度、管理的扁平化及分工的明确性而得到了减少，工作职能得以向学生延伸，降低了横向协调的难度，增加了指挥的灵活性，增强了决策者对管理的影响。不过在这样的组织结构中，专业化及管理层次的缩减会导致相关工作人员对其过分重视，增加了工作强度和心理压力。这种大负荷工作极易导致工作效率的降低，在院系中沿用辅导员制度会导致隶属关系模糊，进而使辅导员无法明确自身的工作职责。

二是网上业务协同矩阵的管理结构。矩阵结构普遍化是目前国际著名大学组织结构取向的一大特点。如今，越来越多的高校加入数字化职能校园建设中，这也使学生和教师的信息化素养得到了大幅度的提升。由于高校当中的部分职能部门无法实现部门内部的业务协同及信息的共享，因此逐渐转变为跨越应用、处室及职能领域的业务协同以及信息的共享。在学生工作中，网上事务处理方式及信息服务的现象正在逐渐增加，其中包含有后勤、教务、财务等多个部门。过去高校毕业生在进行离校手续办理时，需要携带纸质的离校单在校内的各个部门进行盖章。如今在应用离校系统之后，不同部门之间的协同工作使得毕业生能够通过网络完成离校手续。

离校系统可以实现学生办理离校手续时相关的不同部门的协同工作，学生在线提交申请，可以提升离校手续办理的速度。在进行奖学金评定时，通常需要对综合学习成绩、品德等多个方面进行综合考虑，此时学生处以及教务处之间的相互配合，可以提升问题解决的速度。校园一卡通系统被众多高校应用，它既是学生的学生证，同时还是门禁卡、图书证等，其制作与发行通常情况下由网络中心来负责，学生及教职工的相关信息通过不同部门数据库中的数据，进行横向整合，使得一卡通能够对校内的各个部门的信息进行共享，实现联合办公。

在中国的大学中，矩阵管理结构的建设因为信息技术的普及应用而有了发展的空间。可以确认的是，我国大学中当前的信息化发展不够完善，接下来还需要一段漫长的时间来完成对信息系统和相关管理结构的建立。不过目前许多高校已经开始进行新岗位及部门的设置，重组业务流程，如完成信息化办公室的建立从而促进信息化建设，组建学生信息综合服务中心等，从而推动信息化的完善进展，借助通信系统将本来由不同部门分别进行的工作完成。

首先，学校的信息化平台。信息化平台应当对所有与学生密切相关的部门进行统筹管理规划，其中包含有教务处、图书馆、财务处、就业指导中心等，根据平台的不同来对功能模块进行合理的规划，根据学生的基本信息来进行学生电子档案库的建立，其中包含有在校期间学生的学习、获奖、生活、获得的资助，以及违纪情况等。既能保证功能的发挥，还能够对学生的在校表现进行综合性的反馈，直接展现学生在校期间的真实情况，客观地对学生的综合素质进行评价。在建立数据统计平台的过程中，学生基本信息的统一性是至关重要的。

保证学生基本信息的一致性对于学生电子档案库的建立十分重要，这些信息包含姓名、出生年月、性别、经历和生源地等不会改变的基本信息，同时还包含有家庭成员基本信息以及家庭基本情况在内的会发生变化的内容。除此之外，还包括学生获得奖学、助学金的情况和实习培训的情况。以上信息在被提交之后需要学生处及院系进行审核，根据学校情况的不同，可在特定时间由学生对数据进行更新修改，并由相关部门对其进行审核。除此之外，想要实现对学生情况的全面记录，还应添加一些平台功能，如学生进出公寓和图书馆的情况、借阅情况及消费情况等，从而使调查统计分析更便利。

其次，数据收集和数据分析的功能。从数据来源角度进行分析，应保证其直接性和客观性，这样对于后期的调查统计分析是有利的。经过统计分析可以帮助我们更直接客观地对学生的在校情况进行综合性评价。例如，通过校园卡了解学生的消费情况并将其和贫困学生的信息进行比较，从而完成对贫困生情况的科学核查，进而调整补助的发放情况。或者对学生进出图书馆及借阅的记录进行调取，将其与学生的成绩进行比对，从而有效地完成对学生阅读及学术研究的分析。统计学生就业情况，并将其同学生的在校情况进行结合分析，从而找到帮助学生提升个人综合素质及就业能力的有效方法。对不同部门的数据进行同步的交叉比较，可以发现教学以及其他学生事务管理过程中所存在的问题，进而对教学管理及学生工作给出更多宝贵意见。

最后，权限分配。在对权限进行分配时，可以根据角色的不同来进行，根据工作人员所在部门、职务及工作内容的不同，分配不同级别和内容的权限，细化操作环节，保障操作安全。这样的学生管理系统可以提供给学生本人、辅导员及事务管理部门人员使用，能够授予其他相关人员进行查阅的权限，可以更便捷地对学生的学习生活情况进行了解。

（4）技术支持体系方面建设。一是加大硬件方面的投入。学生管理工作信息化的硬件设备包括电脑、互联网设备等，学校要加强技术设备和设施的完善。高校学生管理信息化要符合国家的相关法规和科技指标，贯彻"基础网络保障、核心计算功能、应用精神指导、安全性能保障"的思想，时刻关注行业动向，掌握信息化核心技术，进行创新和改革。要鼓励高校管理信息化的模式创新，加强实验和尝试，将校园网络布局为主网络，在网络技术和各种信息化系统的协助下，开拓实用性功能，将办公系统、无限资源、网络环境等进行传递和共享。要加强硬件设施的资金投入和技术投入，要寻求校企合作，全面加强学生管理信息化的水平。

二是创新学生管理工作。学生的安全工作是高校的核心重点，平安校园的建设是高校目前的工作重点。高校现阶段要考虑的是如何在不影响学生正常学习和生活的情况下，保障他们的安全性。现阶段，物联网在高校环境中的应用与日俱增，物联网通过无线数据侦测对事物进行识别和信息收集，并按照预先设定的程序进行处理并反馈给用户。高校的日常管理工作中，如果在教室、公寓、食堂、图书馆等地方布局识别系统，那么学生的一言一行都能够被实时监测，并反馈给有关部门。感应系统在公寓的应用作用更大，学生通过一卡通就可以随意进出公寓门禁系统，方便了学生管理和生活。

"物联网"的应用充分保障了学生的安全性，避免危险事故的发生。通过在不同的区域和手机系统中装载射频识别（FRID）芯片，可以实时提醒学生要携带的东西。图书馆的借书、归还、搜索等也可以通过FRID读取。基于位置服务（LBS）系统是一项高新技术，目前学生基本都有手机设备，这给LBS提供了良好的安装环境。LBS在日常学习和生活中的应用广泛，它是学生为了提高效率主动运用的一种技术，这也是它和物联网的区别。

（5）管理方式方面建设。一是适应发展需求，创新管理方式。随着信息化的发展，高校管理模式也要发生变革，才能符合当代学生管理的新需求，找到管理学生的新形式。高校信息化工作开展之前，要通过专业的信息化小组对项目进行专业管理、目标确认、奖惩执行和系统动力理论，通过结合项目管理的相关理论和实际经验全面管理项目，以期达到项目预期的效果。管理需求的更新必然导致信息化项目的改变，主要是在流程和结构上进行相应的更新，在不同的管理形式下需要不同的软硬件设备支持。所以，高校学生信息化管理的前提是要熟练掌握传统的管理模式，并找到与支持设备的匹配处。除此之外，高校管理人员还要注重网络的开放性，要从传统手工的方式转化为互联网的形式。高校学生管理人员要加强信息技术知识的学习，创新高校学生管理的新形式和新途径。

二是利用信息化平台，提升精细化程度。精细化主要是在学生管理工作中要做到细致、精准，精益求精，要树立超高标准，要细致入微。要将信息化技术应用到学生管理工作中，推动整体水平的提高，并注重学生的个性发展需求，帮助学生全面发展。学生管理工作以学生为中心，注重学生个性的发展和个人的指导，以全面提高教育效果。学生管理工作的精细化是一种目标、是一种态度、更是一种形式，是一种精耕细作的操作模式，是对学生的全面培养、对信息化技术的全面应用。要充分利用信息化平台的优势，来为教育工作提供动力，帮助学生管理工作实现精细化管理和服务。

三是做好队伍建设，提高人员素质。信息化时代下，为了保障高校学生管理的水平、完成人才培养的任务，需要组建专业的高质量信息化管理团队。这个团队的组成人员既要有专业人士、又要有非专业人士，要涉及多领域的人员。首先，队伍除了具备基本的管理理论素质，还应该具备互联网和软件开发等技术水平，同时还要具有创新精神和创造力。其次，工作管理体制要与人才培养的目标相匹配，并能够及时进行调整。要明确流程顺序，分清各部门职能，要加强管理部门的决策能力、发挥管理人员的主观性和积极性。最后，要针对团队成员进行专业的培训，并创建长期的培训机制，发挥团队的特色，广泛涉猎多学科知识，以老成员带动新成员的模式进行培养。使高校管理人员不仅提高自身的互联网技术水平,还能够提高信息的优化组合管理能力,共同保障高校学生管理系统的运行。

四是加强安全管理,完善信息化保护体系。高校学生管理要重视信息系统的安全性和保密性,这是学生管理工作中的重要内容。首先要充分考虑各个高校的网络信息安全性,配备与之适应的软硬件设备、安全防护系统等;其次,要设定严格的等级权限制度,根据不同的部门和身份创建不同的职能账号和权限,避免出现交叉重叠的权限设置,要确保所有工作人员管理好账号安全。最后,要出台相关制度和规章维护信息安全性,针对信息泄露等行为制定相应的惩罚制度,以保障学生管理系统的安全性能。

第三节 "双减"背景下高质量教育生态与治理体系构建

"双减"背景下要求"教育的重心回归学校,这必然要求学校、教师、家长深刻认识政策的精神内涵,通过提供高质量教育、助力高质量育人、实现高质量陪伴,共同构建高质量的家校和谐教育生态",引导学生全面而有个性地发展。

一、发挥学校主阵地作用,提供高质量教育

教育承载着传播思想、传授真理的时代重任,学校应真正致力于立德树人根本任务的落实,通过高质量的教育,培养德、智、体、美、劳全面发展的国家建设者和接班人。因此,在新形势下,如何贯彻执行新政策,转变观念思路,真正让"教育回归学校,让知识回归课堂",成为学校教育高质量发展面临的全新挑战。

第一,高质量教育需要优化课程供给体系。学校教育中承载人才培养职能的核心载体就是"课程"。学校课程既要着眼于学生的全面发展,更要关注学生的个性成长与需求,这就需要在国家课程基础之上,为学生构建多样化、可选择、能持续发展的课程供给体系,以满足学生的个性发展和综合素养提升的需求。

第二,高质量教育需落实高效教学过程。"双减"政策既是一道"减法题",也是一道"加法题",减的是"负",增的是"效"。具体落实在每一位学

生的学习兴趣和能力提升上,保证教学过程效果是促进学校教学质量提升的有力途径。要扎实开展学科教研,造教研共同体,向课堂教学"要质量"。依托现代教育技术,贯彻"教学评"一致性原则,通过分析评价"教、学、练、思、考"教学各流程数据和"课中、课后辅导"等环节数据,可生成围绕"学业、品德、身心素养"的个性化学生日常表现,助推发现每个学生特点,促进集体教学与个性化学习的有机融合,实现智能、精准高质量的教学。

第三,高质量教育需提供优质的课后服务。"双减"之下,课后服务全员全覆盖,学生和教师在校园内的时间增加,怎样在延长的这段时间里,给学生更多成长的土壤,让学生各得其所、各有精彩,这就需要学校做好课后服务的顶层设计和整合实施,持续提升课后服务管理质量和水平,丰富课后服务内容。

二、重视教师关键性作用,助力高质量育人

教师是立教之本、兴教之源。教师在"双减"中发挥着关键的作用。"双减"政策推行后,社会对校内教育质量的追求和要求更高,做为"双减"工作的重要执行者和推动者,教师需要做更多的努力,投入更多精力,改进教学观念,提升教学水平,聚焦提质增效,助力高质量育人。

第一,高质量育人要求教师要更加关注学情,因材施教。"双减"要求大力提升教育教学质量,确保学生在校内高质量地学习。要做到这一点,关键是解决好因材施教问题。好的教育是让每一位学生都能得到充分的发展,这就要求教师要准确把握学情,了解每一位学生的能力、性格、兴趣等情况,开展有的放矢的针对性备课与针对性教学,使教学的深度、广度、进度适合每一个学生个体的知识水平和接受能力,让每个人的才能、品行得到最适合与最佳的发展。同时,在教学过程中适当改变教与学的方式,运用高效、有趣的授课工具、新颖创意的教育方式(如微课、STEAM等形式)提高授课质量,增强学生的学习兴趣。

第二,高质量育人要求教师精心设计作业,提升作业质量。加强作业研究是"双减"对教师的具体要求,也是教师实现教学提质增效的突围方向。教师要积极参与教研,提高自主设计作业的能力,有针对性地布置分层作业、个性作业,系统化选编、改编、创编符合学习规律、体现素质教育导向的能力型作业,突出重难点,真正为学生"减负提质"。

三、明确家庭的保障作用，实现高质量陪伴

良好的家庭教育在学生的成长过程中发挥着无可替代的作用。"双减"政策不仅对学校教育育人体系进一步进行科学定位和整体优化，同时为家庭教育指明方向、指导方法，为发挥家庭的教育作用明确了具体的行为和方法。当前，要引导家长树立科学教育观念，理性确定学生成长预期，努力形成减负共识，学校要支持和引导家长正确对待校外教育、尊重学生的意愿，帮助学生科学选择和参与有意义的校外教育，同时，特别要引导家长担负起实施良好家庭教育的主体责任，发挥家庭教育应有的功能，实现高质量陪伴，让家长与学生共同成长。

第一，高质量陪伴要求家长设立适切性目标，树立科学的家庭教育观。"双减"政策下，家长的角色要回归本位，家庭教育要摆脱"盲目性、功利化、超前观"等违背规律、盲目从众的教育行为，家长要具备更长远的眼光和智慧，尊重学生的个性成长，帮助学生培养能够适应未来学习和生活的必备技能和品质。

第二，高质量陪伴要求父母子女之间开展平等性对话，倾听子女成长心声。"双减"政策减去了学生过重的学业负担和压力，但并不意味着家庭对学生的"放养"。反之，在新的形势下，父母更需要与学生积极沟通，以"互动"替代"专断"，在平等交流的氛围中，开展与学生的真正有效的沟通，才能了解到学生学习中存在的困难和困惑，这也是家长能有效帮助学生的前提条件。家长关注了解学生每天的情绪感受，围绕学生的困惑进行深入交流讨论，引导他们通过反思尝试解决问题，这样的平等性对话，会给予学生被尊重、被关爱的感受，成为他内心坚定自信的来源，让他更有勇气面对学习和生活中遇到的困难与挑战，进而塑造健康成熟的人格。

第四节 "双减"背景下在线教育智慧治理框架构建与实践

一、"双减"背景下在线教育智慧治理框架构建

一个社会系统利用权力、法律、语言或规范等多种手段进行互动的完整

过程称为治理。协同治理是指在管理公共问题方面，对参与者利用建设协作网络和形成共识等方式参与其中的形式不断强调的理论，从而对单一主体难以解决的复杂问题进行妥善处理，有利于实现公平民主治理。但是，因为协同治理对公民社会和市场发挥的功能过分预估，在治理方面容易造成失灵，于是一些学者开始深入思考政府承担的"元治理"角色和功能。

接下来我国高校将以元治理理论和协同治理理论作为重要依据，与发展在线教育的情况紧密结合，推动智慧治理在线教育目标的实现。具体来说，就是从组织、服务、技术和环境四个层面对在线教育智慧治理进行构架，为智慧治理在线教育提供保障。

（一）组织层面

组织层面：多元结构与政府引导。组织层是指由政府主体、市场主体、社会主体构成的在线教育多元治理结构。《教育部等十一部门关于促进在线教育健康发展的指导意见》提出要坚持多元治理，形成政府引导、机构自治、行业自律与社会监督的在线教育治理格局。一方面，在政府引领下，可构建政府、机构、行业和社会多元协同的在线教育治理结构。政府出台政策法规，积极引导在线教育机构及行业的自治与自律；社会公众作为在线教育中最庞大的集体，可反映在线教育服务指向的最终需求；行业机构在政策指引下相互监督，构建竞争共存的行业新模式，以保证在线教育行业的健康发展；另一方面，通过政府元治、市场自治、社会监督等方式，明确各方对在线教育治理的立场、诉求与利益，达成共同治理目标以形成治理合力，在政府引导下对在线教育行业所出现的问题进行整治与管理，塑造遵守教育逻辑、良性竞争的市场环境。

以日本教育发展战略（或政策）的产生过程为例，"在日本，教育发展战略或者政策的产生过程，是日本社会各界在广泛进行争论、讨论、咨询和审议的基础上产生的，这样，最大程度地保证了日本各界对发展战略的理解和认同"[①]。所以，发展战略一旦进入实施阶段，日本总务省、文部科学省、外务省和地方政府、学校等部门通力合作，国民、学生、外来人员广泛参与，从而整合利用了"战略资源"，形成了最大的合力，以确保战略目标的出色完成。虽然与双减背景下在线教育智慧治理不同，但是其各个部分通力合作

---

① 谢淑莉.战后日本英语教育及21世纪发展战略研究[D].保定：河北大学，2005：50.

制定战略或政策的过程是值得借鉴的。

（二）服务层面

服务层面：进一步完善市场监管和生态。把各种个性化、定制化的在线教育治理服务信息化技术平台提供给有需求的主体，如家长、企业、学生和教师。服务层在深入分析和研究在线教育治理内容的基础上，要将信息安全检查、用户行为监督、师资质量保障、机构资质认定、课程质量把关、经营规范性监督等服务提供给社会群体。

就信息安全检查服务来说，政府要出台相关的制度强制规定提供在线教育的机构或企业必须对个人隐私进行保护，从顶层规划着手，禁止在线教育领域发生大数据杀熟的现象。就师资质量保障服务来说，主要是将资质审查、备案和培训等服务提供给在线教育教师；就课程质量把关服务来说，主要是加强监管教学材料和课程内容，绝不允许将线上学科培训服务提供给基础教育阶段的学生，以免加大学生的学习压力；就机构资质认定服务来说，主要是发放和审查对在线教育产品与服务进行生产和提供的机构或企业，如果部分在线教育平台、培训机构或产品存在违规授课的行为，则要按照相关法律法规的规定给予取缔；就监督消费者行为的服务来说，一旦有其他学生或平台投诉在线教育治理平台，部分消费者利用互联网传播非法信息、侵犯商家的合法知识产权，在线教育治理平台都会妥善进行处理，严格按照国家的法律法规进行处置。就经营规范性监督服务来说，在线教育治理服务平台可以对服务合同和在线教育产品产生的纠纷进行受理，对消费者的合法权利进行保障，严格按照法律法规、利用行政处罚的手段处理商家的一系列违规行为。

（三）技术层面

技术层面：建设平台和技术赋能。这两方面是在线教育智慧治理的重要内容。随着智能技术和信息技术的日新月异，智慧时代的到来要求在线教育领域整合各种智能技术，如大数据、区块链和人工智能等具有代表性的现代化信息技术，推动在线教育智慧治理的快速实现。比如，在大数据分析和收集技术的基础上，对智能化的管理手段进行建立和完善，在决策方面实现人工智能和管理者双管齐下的人机协同模式，对在线教育行业可能会遇到的问题或面临的风险进行提前预估和预防，推动资源配置的高效化，让在线教育始终朝着健康良好的方向发展。政府和教育行政部门要从宏观层面出发，对在线教育资源和平台进行整合，统一维护、监督和管理在线教育平台；同时，还要让在线教育的交互形式更加多样化，通过丰富的方式将学生学习的主动性和热情充分激发出来，不断增强他们学习时的教育临场感。

（四）环境层面

环境层面：加大政策支持力度和社会参与力度，在线教育治理市场环境和在线教育治理法律环境共同构成在线教育的环境层面。环境层面就是要从在线教育行业、社会和政府等层面出发，对政府政策大力支持、行业规则进行适当约束、社会大力参与的大环境进行构建。比如，政府围绕在线教育发展的实际情况和需求对相关指导性文件和发展规划进行制定和出台，为在线教育治理的规范性和针对性提供一定保障，实现高效、精准的在线教育治理；除此之外，在线教育行业发展规则要适当约束和控制在线教育行业和协会的营销行为和发展策略，以行业自制原则作为重要基础，大力整顿与行业规则不相符的在线教育机构或平台。在线教育服务主要针对社会公众，他们对在线教育存在的问题和不足更加了解，所以要在在线教育治理中充分发挥社会公众的力量，对在线教育存在的不足进行精准定位，挖掘问题的根源或实质，推动精准治理的实现，并且加快完善多元主体协同治理的结构和框架，不断提升在线教育的治理效率和水准。

二、"双减"背景下在线教育智慧治理实践路径

伴随着在线教育服务行业深度卷入资本化，教育活动也更加暴露在资本化的负面影响之中。"快资本"与"慢教育"之间存在着不可调和的矛盾，机构和行业的变现压力导致在线教育机构偏离了正确的教育价值目标，学校教育秩序和社会整体教育氛围也受到影响。下面以在线教育服务行业的去资本化为例，阐述双减背景下在线教育智慧治理实践路径。

许多专家学者认为，大力加快在线教育服务行业的资本化可以推动教育的发展，一方面可以将市场的作用充分发挥出来，实现教育资源的优化配置，推动教育供给有效性的实现，让更多的个性化教育需求得到满足；另一方面将不断创新教育方式和教育理念，大力推动新型学习型社会和教育体系的建设。但是，如果资本化程度过高也会带来一定的风险和问题。教育治理对治理方式始终要保持创新、包容和审慎的态度，冷静判断，保持理智，如此才能在新一轮的资本化动向中推动在线教育朝着健康良性的方向不断发展。

（一）科学研判在线教育行业资本化动向

政府要对资本化的市场动向和趋势进行密切关注，从教育发展规律和经济社会的发展规律出发，让在线教育行业保持良性发展的态势，用包容、审慎和理性的观念对待资本化，将政策的杠杆作用充分发挥出来，从而实现有机融合的发展和更加规范化的管理。目前许多在线教育机构都入不敷出，面临亏损问题，而且尚不确定行业可否对亏损模式进行超越、对风险进行规避。所以，一方面，相关行政部门要将宏观调控作用充分发挥出来，在建设和运营管理在线教育基础设施方面积极支持资本参与其中，同时要让准入门槛更加规范，进一步监管行业资本态势，特别是要加大监督、控制和管理没有纳入到负面清单的教育领域的市场发展趋势；另一方面，相关部门也要对风险进行提前预防和预估，将应对风险和排查隐患工作提前做好。还要将行业头部机构的引导作用充分发挥出来，让他们的资本行为对市场进行引导，通过牌照管理等方式对可能产生风险的资本动态进行管控或约束。始终要以教育本质和教育目标作为根本出发点对治理行业资本化的策略进行精心设计，以市场规律作为切入点对具体的治理手段和方式进行明确，对资本化风险进行精准预估和预防，将政策组合的作用充分发挥出来对风险进行预防和处理，从而使教育行业的金融防火墙更加稳固。

（二）加强在线教育机构实体监督与管控

资本化健康的根本和关键在于稳定和规范在线教育机构实体的发展，资本化发展也必须与实体发展紧密结合。所以，要进一步监督和管控在线教育机构的业务情况和财务经营情况，主要包括以下内容：

第一，要对机构存在的数据造假、虚假陈述等违法违规行为进行严厉查处和打击，加快建设与机构上市相关的结算系统和登记系统，并增强监管能力。

第二，对行业会计的记账标准进行强制规范，对核算方式进行统一，使管理资金和核算盈利等方面的保守性和稳定性得到保障，为良性发展在线教育机构打下坚实的管理基础。

第三，相关部门在治理在线教育机构的过程中，要让他们的商业模式呈现出健康的态势，特别是在成本方面和营利方面，对内容驱动型的拆分模式信息明确，在资本市场和实体机构运行之间建立起良性互动的关系。

第四，为了保障消费者的权益，必须实施标本兼治的策略，从源头着手根除不规范的行业行为，把对消费者强制保护的部分条款加入到合同中，让消费者的投诉渠道更加畅通，将及时止损的途径提供给消费者，也可以采取机构保证金的方法将事后保障和事后救济提供给消费者。部门之间要加强协同合作，合力监管，特别是要从公共利益角度出发，加强关注和重视以资本利益作为驱动力建立起的成长模式和机构扩张战略，严厉整治在线教育机构存在的不规范、质量低下、片面追求经济利益的问题。

第五，规范传播信息的秩序，不断增强机构发布信息的准确性、公开性、透明性和公正性。大力建设社会信用体系，在资本市场和教育体系之间尽快推动诚信机制的建立和完善，大力打击失信行为，推动守信激励机制、失信惩戒机制的建立和完善。

（三）发挥公立教育体系的引领作用

就目前在线教育的发展来说，其最主要的外在表现是信息化，教育的最终目标是提高人性。因为在线教育行业中的群体或个体机构缺乏具有榜样和引领作用的代表、模范，所以就要将公共教育体系在创新导向、价值导向和改革方向等方面具备的定位导航功能充分发挥出来，使在线教育的教育本质突显出来。

第一，以科学教育理念和主流教育价值作为重要切入点对在线教育行业产生积极的影响和作用，让行业始终围绕立德树人的根本目标进行发展，让行业始终以尊重教育规律作为规范和准则进行推进。把公立教育体系的功能和作用充分发挥出来，特别是对它在理论研究、实践和教育价值引领等方面的优势进行灵活运用，并且在在线教育机构和它之间建立起有效的衔接，实现两者之间的相互补充、相互呼应。

第二，在建设在线教育体系的过程中，积极引导资本通过多种方式参与其中，他们不仅可以参与到包括建设教育专网等在内的基础设施建设中，还可以将终端服务提供给用户。对政府关于在线教育资源购买的规章制度进行建立和完善，让公立教育机构和组织积极投资优质的在线教育机构，通过优化公司合作的方式加快建设示范性在线教育平台。

第三，在建设产学研用一体化机制中发挥积极的推动作用，有机结合公立教育体系知识资本和企业资本，让两者之间相互补充、相互渗透、相互呼应，对利用资本市场的各种方式进行探索和研究，积极推动营运和保护知识产权，从而不断增加无形资产的价值。

第四，在优质在线教育资源建设的过程中，鼓励更多的资本力量参与其中，以实现线上和线下、公立和私有的有机融合。将公立教育体系的积极引导功能充分发挥出来，让其在制度方面的优势和在线教育行业在市场化方面的优势实现有效融合，让最终形成的现代在线教育体系具备灵活的运转方式、明显的育人效果和多样化的组织形态。

第五节 法治副校长制度探索与实施

教育治理关系到千家万户，是国家治理中重要的一环，为维护中小学生的切身利益，加大对中小学生事务处理的力度，维护校园秩序，推进依法治国的深入落实，最高检联合教育部围绕法治进校园，开展检察官 + 法治副校长的校园治理模式。近期我国印发实施《检察官担任法治副校长工作规定》[①]，强调建设检察机关开展法治副校长工作协调机制，加强最高检与教育部门的协同程度，形成法治合力，通过多种形式完善中小学法治教育工作。检察官 + 法治副校长模式的实施，代表了普法责任制在中小学教育体系的全面落实，对增强中小学生法治意识、提升中小学治理质量有着重要的意义。法治副校长如何聘用，教育部出台了《中小学法治副校长聘任与管理办法》[②]对法治副校长怎么选、如何聘做了详细规定，但实践中的落实仍需要很长的路要走。

一、法治副校长在中小学教育治理中的优势

（一）体现法治副校长制度的未检工作价值

检察机关未检工作的核心价值在于保护未成年人的切身权益，保证其健康成长，我国围绕最有利于未成年人原则建设中国特色未成年人检察制度，将未成年人利益最大化落实到未检工作的所有环节，这表明了未检工作的价值导向与理念。双减制度的实施，以减少课外辅导班，实现教育主体回归课堂，有效减轻中小学生的课业压力，也正是维护未成年人切身利益的表现。

---

① 详见 https：//www.spp.gov.cn/xwfbh/wsfbt/202201/t20220110_541193.shtml#2

② 详见 http：//www.moe.gov.cn/jyb_hygq/hygq_zczx/moe_1346/moe_1347/202207/t20220711_645192.html

我国实施法治副校长制度，目的在于加强中小学教育的法治建设，要求学校落实国家政策制度，严格确保中小学生的健康成长，并引导中小学生知法懂法，学会利用法律武器保护自身权益不受侵害。在当前的双减背景下，法治副校长制度的实施，可以通过校园法治化帮助中小学生健康成长，减少来自课外辅导班所带来的学习压力。从维护未成年人切身利益这一观念来看，未检工作理念与法治副校长制度有着共通之处，能够确保法治副校长工作中未检理念的有效发挥。①

（二）检察人员更适合担任法治副校长

从 2015 年确定未成年人检察业务类型开始，我国未检工作制度正在不断向规范化、专业化方向发展，从事后追责转变为事前预防，加大了对中小学生权益的保护力度。未检工作人员的职责范围决定了检察人员更适合担任法治副校长，随着未检工作的前移，法治副校长可借助之前所办理的未成年人案例来进行普法教育，不仅可以使中小学生增强法律意识，同时也可以使学校教师深刻了解未成年人保护的重要性。另外，法治副校长可针对双减背景下中小学未实行双减政策的现状，进行制度健全与追责，指导学校落实未成年人保护责任。

（三）加强对法治副校长制度实施的探索力度

检察人员担任法治副校长来源已久，从各种政策文件与法治副校长制度实施情况来看，检察人员在任职法治副校长期间，都能针对中小学法治教育体系中出现的问题进行优化解决，实现青少年普法宣传教育，各大城市也纷纷进行法治副校长制度试点，从校园热点问题出发，结合中小学生日常案例讲解法律问题，起到了较好的法治教育效果。从以上试点实践效果来看，检察人员担任法治副校长，能够贴近中小学生活学习实际，一线面对中小学法治教育中所出现的问题，总结实践经验，进而不断完善法治副校长制度，探索出更适合中小学校园法治现状的法治副校长制度。②

---

① 本刊编辑部.将法治光芒照进孩子心田——聚焦中小学法治副校长工作[J].湖南教育（D版），2022（7）：22-23.

② 包琳儿,任海涛.论"互联网+法治教育"视阈下法治副校长职能的转变与工作的创新[J].青少年法治教育，2022（6）：2-8.

二、检察官法治副校长在中小学教育治理中的挑战

（一）检察官不完全适合

经调查，Y市担任中小学法治副校长的检察人员大致可分为检察长、员额检察官与未检检察官。首先检察长担任法治副校长的象征意义大于实践意义，主要体现检察机关对中小学法治教育的重视程度，但就实际情况来看，检察长工作职务繁忙，很难长时间履行法治副校长的职责，一年只有两三次机会进行法治讲座，法治宣传效果不佳。[①] 其次是员额检察官，Y市员额检察官担任法治副校长的情况不多，就实际法治教育效果来说，由于员额检察官在司法改革后办案量不断增加，且不能直接处理未成年人事务，对中小学生的身心发展规律了解不多，缺少处理中小学案件的经验，所以其法治宣传效果不佳，难以提供适合中小学法治问题的解决策略。最后是未检检察官，是专门为保护未成年人权益所设置的检察职位，了解未成年人心理特征，接触较多未成年人案件，洞悉中小学中的热点问题，理论与实践经验比较丰富，在中小学生的法治教育中可做到有的放矢，时间相对比较充裕，有足够的时间管理中小学事务，是最适合担任法治副校长的人选。但在人员选用方面没有确切标准，导致中小学法治教育效果不一。

（二）未全面落实法治副校长职责

《检察官担任法治副校长工作规定》强调了法治副校长的主要职责，包括法治宣传教育、指导学校落实未成年人保护法、指导学校开展未成年人犯罪预防、会同学校与相关部门对具有法律责任的学生进行精准施教、协助学校依法处理安全事故纠纷等。就双减政策的落实来看，法治副校长职责为指导学校教师了解双减政策，遵守国家双减规划，为中小学生普及双减知识等。但就实际情况来看，检察人员担任法治副校长，其工作重点更多的是放在校园稳定与强化校园安全方面，弱化法治宣传教育与指导工作。也就是说，法治副校长由于缺少对中小学法治现状的了解，导致法治教育功能缺失，难以针对学校实际情况指导设计法治教育机制，在相关课程规划与校园法治活动组织安排方面，未能精准落实法治副校长的职责。

[①] 范天续.论新时代检校衔接工作机制的完善——以法治副校长为视角[J].青少年法治教育，2022（6）：14-21.

（三）法治教育实践陷入误区

法治教育具有较强的专业性与实践性，检察人员担任法治副校长正是中小学法治教育中所依靠的专业法治资源。就实际调查显示，Y 市法治副校长在任职期间，专注法治课堂讲解，向学生传授未成年人法律政策条文，希望学生了解法律，进而形成知法守法的法治教育局面，但这也正是把法治教育等同于法制教育的误区所在。在法治教育纳入国民教育体系的全面实施下，法制教育方向转变，法治副校长职责也与之前存在较大差别。法制教育属于法律条文规范教育，关注学生对相关法律制度的掌握情况，而法治教育涉及范围较广，不仅包括法律规范体系，也包括立法执法过程。所以法治副校长在开展中小学法治教育的过程中，不但需要关注学生对法律条文的掌握，更需要培养学生的法律意识与法治素养。

三、检察官法治副校长在中小学教育治理中的实践进路

（一）完善检察官担任法治副校长的人员任用保障制度

根据上述分析，未检检察官在未成年人法治理论实践经验与案件处理方面，比较适合担任中小学法治副校长，为充分发挥未检检察官的法治教育价值，需加强法治副校长人员任用制度保障，使未检检察官的各项能力充分适应中小学生的成长规律。我国在《检察官担任法治副校长工作规定》中，对检察官担任法治副校长的聘任和管理、业务培训和工作保障、评价考核和表彰奖励等作出具体规定，要求担任法治副校长的检察官具有良好的政治素养、丰富的法律专业知识与司法实践经验、了解未成年人的成长规律与身心特征、具有较强的语言文字表达能力与组织协调能力。[①] 在检察官人员聘用方面，主要实行聘任制度，检察机关联合教育部门，从上述符合法治副校长担任条件的检察官中遴选与推荐，按照符合需求与就近就便原则确定聘任人选。为进一步加强法治副校长的法治教育功能，需细化保障制度。首先是选拔与培养制度，国家规定法治副校长的聘任人员应由检察机关与教育部门联合推荐，考虑到法治副校长的职责范围与法治教育目的，在法治副校长人员聘任方面，要求检察人员尽量以未检检察人员为

---

① 吕德锋，王春梅. 从中小学需求侧看法治副校长的工作职责 [J]. 青少年法治教育，2022（6）：9-13.

主,并具备专业的未成年人理论实践经验与一定的教育能力,两者同时具备才能采用教育的形式进行校园法治宣传。比如针对双减政策实施的法治推广教育,可能会由于其中法治概念的生僻与抽象,内容的专业,导致中小学生难以理解,影响最终法治教育目的,所以要求法治副校长需要充分结合中小学的属性,考虑中小学生的知识接受能力,在法治宣传的基础上,以对应的教育工作方法,引导中小学生认识并理解相关法治问题。在法治副校长的培养机制方面,重点应对其教育技能进行培养,未检检察官本身就具备专业的未成年人法律理论实践知识,了解不同阶段未成年人的心理特征,但是缺乏一定的教育技能手段,所以应重点培养法治副校长的教学技能、教学心理知识等,以便实现与在校教育人员的法治教育工作对接。[①]

其次是评价考核制度,《检察官担任法治副校长工作规定》中强调,学校应当建立法治副校长工作评价制度,以年度为单位对检察官担任法治副校长的工作情况作出评价,并由教育部门将评价结果反馈至检察机关,另外检察机关应会同教育部门,对区域内检察官担任法治副校长的履职情况进行考评,并将考评结果纳入业绩考核中。考核标准由检察机关与教育部门联合制定,包括法治课堂宣讲次数、法治实践活动质量评价、校园安全防范参与情况等,同时将教师、学生与家长对法治副校长的工作评价纳入到考核体系中。

(二)融合并执行法治副校长职责

针对法治副校长重治理、轻教育的实际问题,其主要原因在于法治副校长未能实现从检察官到法治副校长角色的转变,角色定位出现误区,应在准确定位法治副校长职责的基础上,实现角色职责的有效融合与贯通执行。首先,扩展法治教育范围,在强调法治治理的基础上实现法治教育延伸,主要延伸方向为向教师群体延伸、向家庭法治教育延伸、向校外法治教育治理延伸,建立学校、家庭与社区三位一体的法治教育体系。尤其是在当前的双减政策背景下,加强法治教育向学校、家庭与校外的延伸至关重要,使教师与学生家长了解双减政策,理解当前中小学生的学业压力及健康成长需求,严

---

① 张鸿巍,侯棋.法治副校长制度:体系透视与未来展望[J].预防青少年犯罪研究,2022(2):70–78.

格治理校外非法补习教育机构,坚决落实双减政策。[①] 其次,会同学校优化完善法治教育体系,《检察官担任法治副校长工作规定》强调,法治副校长应指导学校开展未成年人法治宣传,并妥善处理在校教师与学生的违法事件。检察官在任职法治副校长期间,利用自身对法律制度的理解与适用情况,协同学校管理层共同制定法治宣传规章制度,为法治教育活动的开展提供法律支撑,创建并优化校园法治环境,实现治理与教育的同步进行。最后,深入中小学生的生活与学习,了解校园中所出现的实际法治问题,并在此基础上,对中小学生与教师进行法治教育,联合学校管理人员开展学校周边治安治理,以维护中小学生的合法权益。尤其针对双减政策的落实情况,法治副校长应提升对双减政策在中小学教育中实际落实情况的重视程度,通过走访调查等方式,了解双减政策的执行情况,可采用咨询中小学生课后作业布置情况与课外培训参与情况等方式,调查学校周边存在的不法校外培训问题,并联合学校管理部门加强治理。另外向教师讲授关于双减政策的内容与内涵,联合学校教育管理部门,指导教师落实双减政策,减轻中小学生学业压力,维护中小学生的合法权益。[②]

(三)修正法治教育误区

法治教育不等同于法制教育,主要区别在法律意识与法治能力的培养。针对当前法治副校长在法治教育工作中所出现的法治教育偏差问题,应以多样化的形式开展法治教育,推动教育形式与教育内容的转变,从传统的法律知识讲解转变为法律知识、法律意识与法治能力的共同提升。《检察官担任法治副校长工作规定》提出,检察官担任法治副校长可以采取多种方式开展法治宣传教育,结合当前中小学法治教育现状与课业现状,要想实现法律知识与法律意识的提升,主要教育方式为课堂讲授与课外实践活动。首先是法治课堂讲授,法治课堂仍为法治宣传教育的主阵地,采用主题班会、案例讲授等基本法治课堂宣讲模式,为提升法治教育效果,可创新课堂教育模式,针对中小学生理解程度有限与法律专业理论知识难以理解的矛盾,引入视频案例教学模式,以视频讲解的方式,深入浅出阐述国家双减政策的内涵,引

[①] 万莉.让法治副校长充分参与学校治理[J].人民教育,2022(10):11.

[②] 许朝军.让"法治副校长"成为学校依法治理"助推器"[J].山东教育,2022(18):23.

导学生回归教育主体，强化课堂学习。其次是法治实践活动，法治实践活动是培养中小学生法治思维与意识的重要方式，法律知识是一个复杂的知识系统，专业化的法治教育需要完整的知识链条，开展法治实践活动能够促进青少年法治教育的专业性、实践性和生活性的融合。常见的法治实践活动包括校内法治实践与校外法治实践两种，校内以模拟法治活动为主，联合学校管理部门组织开展类型丰富的实践活动，如角色扮演、法治动漫制作、法治副校长阳光信箱、法治视频观看等，利用形式多样的法治实践活动，帮助中小学生在了解法律知识的基础上形成法律意识。校外法治实践活动主要依靠青少年法治教育实践基地，法治副校长组织中小学生进入法治教育实践基地接受法治教育，利用互联网技术，通过动漫、微电影等贴近中小学生认知等方式加强法治教育。[①] 同时，法治副校长也可利用自身作为未检检察官的优势，组织中小学生开展社会性法治实践教育活动，利用未成年人看守所等地方展开法治教育，使中小学生直接感受服刑人员的生产生活，直接感知法律的威慑力，从而加快法律意识的形成。

"少年强则国强"，青少年的价值取向关乎国家和民族的未来，全面依法治国必须从娃娃抓起。中小学是培养学生法律意识、学习法律知识、树立法治信仰的重要时期，在当前的双减背景下，应重视校园法治教育的落实，积极引入检察官＋法治副校长制度，监督检查双减政策的实际落实情况，确保学生回归课堂教育主体。目前随着法治副校长制度推广的实践，其法治教育价值不断凸显，未来应进一步拓展法治副校长的履职范围，建设形成法治副校长聘任保障制度，使其成为常态化教育体系。

---

① 王营.法治副校长应当成为师生校园安全的保护神[J].山东教育，2022（18）：22.

第七章 信息化时代教育教学的评估研究

通过评估促进教育教学质量的提高,是一个规律性的措施,是世界各国高等教育发展和质量建设的共同经验。本章围绕信息化时代教育教学的评估,重点探讨教育教学评估的过程与方法、高校教育教学评估价值导向、美国的教育教学评估启示。

第一节 教育教学评估的过程与方法

"教育评估是按照特定目标和标准对教育活动进行价值判断的过程,它是一项技术性很强的工作。能否更科学地组织评估,对评估质量和结果的可靠性及有效性有着重要影响。"[①]

一、教育教学评估的过程

(一)教育教学评估的准备阶段

准备阶段是在评估具体实施前的预备阶段。做好准备阶段的各项工作是保证评估工作能够顺利进行和取得良好成效的前提和基础。准备阶段主要包括评估的组织准备与方案准备两个方面。

1. 评估组织准备

评估的组织准备主要解决由谁来评的问题,它包括成立评估领导机构、组建评估专家组和评估管理机构等方面。

(1)成立评估领导机构。为了领导、开展和组织、实施教育评估工作,

---

① 陈广桐. 高等学校教育教学评估 [M]. 济南:山东大学出版社,2005:53.

应首先成立专门的评估领导小组(或评估委员会等)。评估领导小组的主要职责是根据国家教育方针和学校培养目标制定评估的基本准则和评估方案;聘请专家组建评估专家组;确定评估日程安排和实施细则;指导、协调、组织评估工作;裁定评估过程中遇到的各种问题以及公布评估结论等。评估领导小组是组织评估工作的权力机构,组建一个高效、权威的评估领导小组是搞好评估的基础。

(2)组建评估专家组。评估专家组是指在教育评估活动中具体实施评估的临时性权威组织,它的主要任务是接受各级教育评估领导小组的委托,根据领导小组制定的评估方案和评估准则,对被评对象的工作状态和质量进行客观、公正、科学的评判。评估专家在评估工作中起着极为重要的、他人不可替代的作用,组建好评估专家组是搞好评估工作的关键。

(3)组建评估工作机构。教育评估工作机构是指在评估领导小组(或评估委员会)下设置的评估办事机构,如评估办公室、评估秘书组等。评估工作机构的主要任务是:在评估领导小组的直接领导下联络、协调被评单位、评估专家组和评估领导小组之间的各种工作;处理评估的日常事务工作,如分发文件、设计表格等;协助评估专家组开展评估工作,如协助专家组组织实施评估信息的收集、整理工作等。评估工作机构及其人员组成由评估领导小组根据评估工作的需要确定。

由于教育评估的日常事务工作都由评估工作机构的管理人员处理,所以教育评估的实施、协调以及评估工作的效率和效益等,在一定程度上取决于这些评估管理人员的业务水平、责任心和工作作风。因此,建立一个由精干、得力的管理人员组成的评估工作机构是十分需要而迫切的。

2. 评估方案准备

在整个准备阶段,实质性和关键性的工作是确定评估方案。评估方案是评估过程的计划和蓝图,是实施评估工作的基本依据,它是教育评估的组织者根据教育评估的目的,要遵循教育活动的客观规律,在教育评估实施前拟定的有关教育评估目的、内容、范围、方法、手段、程序和预期结果的纲领性文件。在评估方案的设计中,需要遵循以下原则:

(1)目的性原则。评估是一种有目的的社会活动,人们在评估活动之前预期它所要达到的结果就是评估活动的目的。评估方案必须体现评估目的,并从各个方面努力保证评估目的的实现,这就是设计评估方案的目的性原则。

高等学校各项教育评估活动的根本目的是促进学校教育工作实现国家的教育目标，高等学校所有教育评估活动的评估方案都必须体现这一根本目的，否则，就会使评估偏离正确的方向。此外，任何一项教育评估活动，都还有其特定的具体目的，因此，高等学校教育评估还必须有针对性地为其特定的具体目的服务，评估方案中的评估项目及其内涵、评估方式和方法等都要紧扣本次教育评估的具体目的来设计。

（2）规范性原则。评估方案是否规范直接影响着评估结果的信度和效度。规范性是指设计评估方案时的指导理论及评估过程中所采用的方法和运行程序等一定要规范，具有一定程度的统一性。评估方案必须对所有评估参与人员都具有约束力，所有评估参与人员都必须严格按照评估方案的规定办事。一个完善的评估方案，不但能使评估的各种活动统一化，从而提高评估的可信性和有效性，而且能使评估的结论在一定范围内具有可比性，有力地发挥教育评估的各种促进作用。

（3）客观性原则。客观性原则要求评估主体按照被评对象的本来面目，以事实为基础对教育活动及其成果进行客观的价值判断。因此，设计评估方案时，不能带有主观偏见，必须按照教育工作的客观规律，并尽可能客观地了解被评对象，从被评对象的实际出发，把评估活动的组织者、评估者和被评对象等的教育价值取向统一在评估方案中。只有这样，才能提高评估结果的客观性、准确性及使人信服的程度。否则，就不能作出符合实际的科学判断，达不到评估的目的。

（4）科学性原则。高等学校教育是一个复杂的系统，其中任何一个被评对象的属性都是由诸多因素构成的。在评估时，不可能考察其全部因素，因而，必须通过科学的分析，从诸多因素中选出那些与被评对象性质和功能相关性较大的因素，并以此确立评估指标和评估标准，这样才能保证评估结果客观、真实、准确地反映被评对象的基本属性和功能。反之，如果只抓住一些次要的、相关性很小的因素，则评估结果必将失去科学性。

（5）可行性原则。评估方案作为评估活动的一种具体的指导性文件，必然要求是可以施行的。可行性原则要求评估的指导思想和评估所依据的具体目标要切合实际，在评估方案里不能也不应该只有抽象的原则性意见，而要有可以实施的规定和可以操作的做法；评估的指标系统或问题纲目不能过于烦琐，评估的方法要方便易行；评估的标准要简明可测，评估的结论要实事求是。此外，还必须考虑人力、物力、财力、时间及评估技术手段等多种基础条件对评估的制约，建立在一定基础条件上的评估方案才是可行的。

方案准备的过程同时也是人们思想准备的过程，是用评估指标和评估标准去反映和统一人们价值认识的过程。因此，方案准备是评估准备阶段最为重要的一环，也是教育评估整个过程中技术性最强的一环。

（二）教育教学评估的实施阶段

教育评估的实施阶段是实际进行评估活动的阶段，它是整个教育评估活动的中心环节，也是教育评估组织管理工作的重点。现代高校教育评估的实施阶段一般分为预评估和正式评估两步来进行，目的是为了充分发挥评估的重要作用，提高教育评估的效率、效益和质量。下面就教育教学评估实施阶段的主要任务进行分析。

第一，开展宣传动员。作为一项具有战略性意义的工作，宣传动员的目的主要在于使评估的参与者明确评估的目的、意义与作用，进而激发他们参与评估工作的热情。在评估实施阶段，开展宣传动员是十分必要的，一方面可以全面检查问题，以保证信息收集的准确性和客观性，另一方面还可以为分析评估结果、改进工作奠定基础。因此，通过开展广泛而深入的宣传动员，以使所有参与评估的人员明确评估的目的，进而理解和支持评估工作。需要注意的是，宣传动员是为了激发评估者的参与热情，但是在动员各种力量的同时切忌一哄而上，以提高动员工作的有效性。

第二，收集评估信息。评估信息是进行价值判断的客观依据，其作为一项基础性的工作，为得出科学结论提供了必要的条件。评估信息的收集既要全面又要有重点。首先，评估结果的客观性和准确性直接取决于评估信息收集的全面性程度，即评估信息收集得越全面，由此得出的评估结果才越可信；其次，在全面收集评估信息的基础上还要有重点，这是因为参与评估的人力和物力是有限的，要想毫无遗漏地收集到所有信息几乎是不可能的。但是必须要尽可能地将重要信息收集完善。查阅文献法、观察法、调查法、问卷法及访谈法等是最常用的收集评估信息的方法。

第三，整理评估信息。迅速而又准确地汇集整理评估信息是教育评估中一项带有全局性意义的工作，它直接影响对评估资料的分析、处理，因此应十分重视对这项工作的组织。汇集整理评估信息主要是指：①将各方面收集到的信息资料汇总归拢，初步进行分类；②对各类评估信息资料的全面性、适应性、可靠性逐一核实，进行去伪存真，去粗取精的鉴别和筛选，对缺少的信息资料，要及时补充收集；③将审核后的评估信息，根据评估指标系统，分门别类地进行编号、建档和保存，以便于使用。

第四，处理评估信息。科学而又简明地处理评估信息是教育评估中具有关键性意义的一项工作。处理评估信息，就是运用定性和定量的方法将评估信息中所呈现出来的各项评估指标的特征处理成评估结果，这项工作在某种意义上可以说是评估活动的核心。结论是否符合被评对象的实际情况，对被评单位今后工作及长期发展的影响极为重大，因此要慎之又慎，要十分讲究处理方法的科学性。处理评估信息的步骤为：①确切掌握评估标准和具体要求；②评估者分别对各项评估指标给予相应的评分、等级或定性描述；③评估专家组对各评估者的评估结果进行集体认定、评议和复核；④评估领导小组对评估专家组的评估工作逐一进行审核；⑤评估专家组使用事先规定的方法确定各评估指标的评估结果。

第五，进行综合评估。作为评估实施阶段的最后一个环节，综合评估就是将之前分项评定的结果进行汇总，以定量或定性的方式对被评价者进行评估，形成评估意见。在综合评估的过程中，为保证评估结论的准确性和客观性，就需要结合教育学、统计学、数学等相关理论和方法。在评估实施阶段，这五个环节是紧密相连、环环相扣的，因此，在开展评估工作时，必须要做到统筹兼顾、全盘规划，在保证整个实施阶段顺利进行的同时切实提高评估工作的质量。

（三）教育教学评估的结果处理阶段

教育评估过程的第三个阶段是对评估结果进行处理，这一阶段的工作质量和效果，直接关系到教育评估功能的发挥，关系到评估目标的达成，因此，这也是一个很重要的阶段。评估结果的处理阶段主要包括以下环节：

第一，形成综合判断。形成综合判断就是根据评估专家组的评估报告，并参考被评单位的自评报告，从总体上对被评对象提出关于其工作的定性或定量综合意见。在必要时，对被评对象作出优良程度的区分或对被评对象作出其是否已达到应有标准的正式结论。

第二，分析诊断问题。为了更好地帮助被评对象改进工作，在形成综合判断的基础上，还需要对评估过程中得到的信息进行细致分析，对被评对象工作的优缺点和长短得失等进行系统的评论，以帮助被评对象正确地认识自己，认清自身工作的优势与成绩，正视自身工作存在的问题与不足，从而促进被评对象在发扬优势与特长的前提下，有针对性地改进工作。

第三，反馈评估结果。反馈评估结果是指把评估结果返回给被评单位和上级有关领导部门，以引导、激励被评对象不断改进、完善自身的工作，同时为上级领导部门提供决策依据。反馈评估结果的方式有多种，如个别交谈、汇报会、座谈会、书面报告等。评估组织者可从实际出发，根据不同情况采用适当的方式。在反馈评估结果时，必须实事求是，充分肯定成绩，指出存在的问题，提出改进的建议，以通过反馈评估结果，充分发挥评估的功能。有时，在被评对象较多的情况下，为使被评对象之间能够相互借鉴、相互激励、相互促进，还可以在适当的范围内统一公布评估结果。

第四，评估工作总结。对评估工作的总结，是提高评估工作水平和质量的必要措施。评估工作总结实质上是对教育评估的再评估，是按照一定标准，对教育评估方案、教育评估结果和获得结果的过程进行分析，从而对教育评估工作作出价值判断，也就是对教育评估的科学性、有效性等进行评估。其作用在于为今后的教育评估积累经验，以促进教育评估的规范化，完善教育评估活动，提高教育评估的科学化水平。评估工作总结还应包括对评估工作的计划管理、组织管理、过程管理、质量管理等方面的分析和评价。

第五，建立评估档案。评估档案的管理内容主要包括教育评估过程中的各种文件、计划方案及信息数据等。通过立卷建档，将这些文件资料统一交由专人管理，以便于以后进行查阅和研究。

实际上，教育评估工作的结束并不代表评估的影响和作用的结束，相反，评估全过程的结束是评估发挥其影响作用的新起点。此外，领导部门的决策、同行的竞争与激励以及自身对问题的思考与认识等都是被评价者改进工作方式、提高工作质量的重要驱动力。

二、教育教学评估的方法

当前，我们需要建构多元化的教学评估体系，即根据所要评价的事物或现象的特性，提取出主要的测评要素，并在此基础上结合理性主义的实证性教育评价和自然主义的定性教育评价，以综合选择多样化的评价方法和技术。同时，多元化的教学评估体系还要求从评价情景的不同成员中收集评价对象在某一测评要素上的相关信息，收集完成后对各个测评要素的评价信息进行深度剖析，并在此基础上进行汇总整合，进而对被评价者做出综合性、全面性的评价。

测评要素不仅是评价内容结构框架合理性的重要依据，也是制定评价工具和方法的重点参照对象。测评要素的确定主要依赖于评价指标体系中的二级指标，通过分析测评要素的性质，将测评要素中可以量化的部分与难以量化的部分区别开来，进而选择相匹配的评价方法和技术。首先，对于可以量化的部分，采用指标+权重的方式进行评价；其次，对于难以量化的，即不完全具备数量特征和数量比率的测评要素，可采用描述性评价、档案评价及课堂激励评价等多种方式进行；最后，对于测评要素中含有的内隐性的态度评价，可采用行为评定量表或问卷调查表的方式进行间接推断。多元化的评价方式要求摒弃传统的静态式的一次性评价，以动态化的形式将终结性评价和过程性评价结合在一起，以提高教育评价的全面性和客观性。

在评价过程中，为帮助被评价者达到最终所期望的目标，就需要以形成性评价为主，以及时地向评价客体提出指导意见。但是这种评价方式在传统的教育环境下是难以实现的，因为长期的形成性评价需要大量的人力、物力作支撑，以便持续不断地收集和统计相关信息。此时就需要引进新的技术手段以有效地解决这一问题。

随着科学技术的不断发展，信息网络技术的普及和应用为高校的教育教学评估提供了先进的技术支持，一方面影响了高校教育教学评估的理念和过程，另一方面对高校教育教学评估的前景及发展趋势也产生了深远的影响。信息网络技术在高校教育教学评估领域中的渗透转变了教学评估的模式，其影响主要体现在以下方面。

第一，信息网络技术中的收集评价信息模块不仅使高校教学评估突破了传统的区域界限，同时借助网络的便捷性，还可实现自动、持续地对评价对象的状态进行跟踪、记录，这就为进行长期的形成性评价提供了条件。评估者可通过网络进行搜集，以从信息中心和各种信息网中检索数据，并将其以电子数据的形式存储于电子光盘、软盘及网页中，进而为实施教育教学评估提供大量的数据支持。

第二，信息网络技术中的数据处理和分析模块极大地减轻了评估人员的工作量。在这一模块中，评估人员可借助信息网络技术的优势，通过大量的数据统计揭示数据的变化规律和特征，进而通过整理和分析理顺数据间的关系和分布状态。

第三，信息网络技术中的评价档案和信息数据查询模块不仅可以实现评价活动中各种资料的记录和保存，还有利于评价人员的查阅，以为从事类似评价工作的人员提供参考。要利用信息网络技术，建立评价活动的电子档案以保存评价活动中所涉及的各种信息、步骤和内容。同时，这一模块还可为参加评价的工作人员建立数据库，他们在评价过程中的种种状态和行为都会被记录到数据库中，这在一定程度上提高了评价工作的透明度，保证了教育教学评估的公开性和公正性。

第四，信息网络技术的应用优化了教学评估模式。借助电脑技术、多媒体技术及通信技术，高校的教育教学评估不仅实现了个人自主的个别化评估和交互式集体合作评估相结合的多元化评估模式，同时还使得高校教学评估的网络化趋势日益显著。相比于传统的评估模式，网络化的评估不仅表现出交互性的特征，同时还为评估的科学化和社会化提供了技术基础，使评估主体更加多元化。首先，网络化评估的交互性特征主要体现在网络为评估机构之间、评估者与被评估者之间提供了一个可以不受时空限制的交互平台，保证了教育评估的优质性和高效性；其次，网络资源的共享性为评估主体的多重选择提供了技术和经济条件，转变了评估主体较为单一的评估模式，使评估对象、上级主管部门及社会民间团体等可作为评估的主体，保证了教育评估的科学性和客观性。

第二节 高校教育教学评估价值导向

"价值取向是引导高校教学评估工作的基本价值立场，对于评估实践的有效开展具有重要的导向作用"[①]。我国高校教育教学评估价值导向主要趋于以下内容：

一、以生为本，从"评校"转向"评学""评生"

我国以往的高校教学评估活动多关注学校的基础设施建设情况，重视学校外延式发展，评估学校的基本办学条件是否满足高等教育活动开展的实际需求。随着教育的快速发展，人们对高等教育质量的认识也在发展变化，高校办学质量的高低不再由学校规模的大小所决定，而是由学校内涵式发展来

---

① 曹晶，陈敬良. 我国高校教学评估的价值取向变迁及未来选择[J]. 黑龙江高教研究，2020，38（6）：34.

推动，应该走以学生发展为中心的道路。当前，我们应该将教育评价重心转移，教育评价应该关注教育质量，首要的教育质量就是学生的学习效果。

例如，在清华大学开展的"中国大学生学习与发展追踪研究"活动，就是围绕学生的学而展开的。在人才培养质量建设中，为保障高等教育的教学质量，高校教学评估就应以学生的学为中心，重视学生的学习过程、学习投入和学业成果，并将其置于教学评估活动的中心位置。

高校与其他社会结构和社会组织的根本区别在于高校是以人才培养为根本职能。这就决定了高校的教学评估必须要回归到学生的学上，重视学生的学习发展水平，这不仅是人才培养质量核心内涵的具体体现，同时也是大学合法存在的依据。当前世界各国的高等教育都意识到了这一问题，并发出了共同的呼吁。因此，转变高等教育的评估理念和评估模式已然成为高等教育发展的必然趋势。在传统的高校教学评估中，评价的内容往往是以学校的设施条件和各种资源投入为核心，这在一定程度上偏离了高校育人的本质，更违背了教育质量的内涵。因此，转变高校教学评估模式首先就要转变评估的内容，以学生和学生身心发展为中心，在加强对学生质量评估的同时注重学生的学习过程和学习体验，确立以学生发展为中心的价值取向；其次是转变评估模式最终还要落实到具体的评估实践中，在设计评估体系时，以学生群体的利益为核心，鼓励学生积极参与评估活动，通过参与评估活动的全过程，学生可以清楚地了解自己所需要掌握的技能和知识体系。

二、关注社会需求，为社会发展和就业服务

高等教育培养的人才最终为社会发展服务，社会各方面发展的实际需求是检验高校发展水平和人才培养水平最直接的手段。而社会的发展反过来又会对高校的发展提供优良的环境，高校根据现实需要对自身的教育目标、培养计划做出适当的修改和调整，使其培养的人才能够适应社会发展，并促进社会多方面发展，为服务区域经济而努力。

关注社会发展需求，既是高校在明确办学定位时需要考虑的重点之一，也是评估活动中的主要项目之一。另外，高校教育为社会发展和就业服务，具体而言，需要注意以下方面：

第一，高校应转变办学理念，建立以就业为导向的办学机制，进而促进高校就业指导工作的体制创新。首先，高校应时刻关注市场的需求变化，在树立科学的就业指导观念的基础上建立以市场需求为核心的主动推销模

式，由静态的校园管理转变为动态的人才"销售"。总而言之，就是让高校的人才培养更大化地满足市场及用人单位的需求。其次，为更好地帮助大学生解决就业难题，高校应从自身入手，通过加强就业指导管理人员的队伍建设，以提高自身的就业指导能力，包括市场调研能力、人才需求预测能力等。

第二，转变高校的教育管理机制，推行弹性学制和完全学分制，以更好地促进学生的个性发展，充分挖掘学生的潜在能力，进而提高高校毕业生的就业能力。完全的学分制打破了高校传统的固定修业年限，为更好地激发学生自主学习的积极性和创造性，高校必须要为学生提供更多的教育形式，以供学生选择，具体可从课程、专业及学位入手。如开设多种形式的课程，包括专业基础课程、专业核心课程及专业拓展课程等，从而为学生的专业学习提供广阔的自主空间。

第三，高校应通过深入探索，以构建新型的课堂教学方式，在重视本科教学知识传授的基础上推行开放式教学，进而培养学生的职业适应能力和创新意识。开放式教学要求教师不仅要重视基本知识的传授，还要在此基础上拓宽课堂教学的内涵，以提高学生的综合素质和综合能力，从而为实现终身教育奠定良好的基础。

第四，改进应试化的课程结业模式，严把人才评价和出口关。高校应创新课程检测模式，积极探索新型的结业检测形式，以社会的需要和课程的性质为出发点，设计相应的课程结业检测方式，进而提高高校毕业生的就业竞争力。高校教育课程中有一部分是理论性较强的课程，还有一部分是偏于实践性的课程，因此就可以针对课程的性质设计不同的检测方式。对于理论性较强的课程，可以通过考查学生的理论继承与借鉴能力和知识的综合运用与创新能力来判断学生的掌握情况，而对于实践性较强的课程，则可采用课堂理论测试加课外实践操作的模式来考察学生的社会适应能力。

三、尊重高校办学自主权，遵循高等教育发展规律

育人和服务是高校的根本宗旨。对于高校教育来说，人才的培养既是高校教学工作的中心，也是高等教育发展的核心。因此，应充分尊重高校的办学自主权，坚守育人本质，在遵循高校管理规律的基础上使高校的一切工作都指向人才的培养。

作为大学最基本、最核心的职能，教学职能是大学发展史上最早出现的

一个重要职能，而其他职能作为教学职能的衍生物，其存在的根本目的都是为教学职能服务的。因此，在高校教育中，必须重视教学职能的发挥，以实现高校教育人才培养的目标。

作为高等教育质量保障的责任主体，高校应充分发挥其在人才培养方面地作用，以履行主体责任，同时，政府和社会作为参与主体，一方面应充分的认识到高校在人才培养质量中的重要地位，另一方面还应通过协调政府的宏观管理与高校自主办学之间的关系，以增强高校的质量主体意识，加大力度落实和保证高校的办学自主权，以激发高校自身的内在动力，提高高校开展教学评估的主动性。首先，高校应着力打造适应自身发展的质量文化和评估文化，在进行高校内部质量治理的过程中，构建以自我评估为主体，高校管理者、教师及学生等多元主体共同参与的评估机制；其次，要充分利用第三方评估机构的专业性，以弱化评估活动中的行政性导向，进而为落实高校的办学自主权奠定基础。

四、注重质量持续改进，从质量保障到提质增效

对于高校教育来说，教学评估并不是一次性的评估活动，而是一种"回应—协商—共同建构"的循环式的重建过程。因此，高校教学的评估工作应以促进高校质量的长久提升为目标。但是就以往的教学评估而言，高校的关注点往往在于评估的结论，虽然整个评估过程包含整改及专家回访环节，但通常都是一种形式化的流程，同时又因为教育行政部门缺乏同步的监控工作体系，进而导致高校无法有效地处理评估中发现的问题，那么就失去了教学评估的本质意义。基于此，高校在开展评估活动时，应借助信息化技术，通过建立数据常态化教育质量改进机制，以将高校教育的质量监督落到实处。同时借助评估活动，使高校质量监督成为一项常态化的工作，进而有效地改善教学评估的效果，真正提升高校教育的质量。

第三节 美国的教育教学评估启示研究

高等学校的根本任务是培养人才，教学工作始终是学校的中心工作，人才培养的质量是高等学校的生命线。在我国高等教育逐渐迈向大众化的今天，"如何稳定和提高本科教学质量，实现高等教育的可持续发展，已成为备受

社会关注和亟待研究的课题"[①]。国外教育评价发展至今，取得了令世人瞩目的成绩，例如，"美国的学区评估是地方性评估，地方评估是州评估在目标、关注点、过程尤其是结果上的补充，而不是重复。如果地方评估的目标能在这一层面上得以形成和实施，那么地方评估将能得到真正有价值的有关学生的信息，这些信息将有利于指导教育项目发展，并最终达到高绩效。而且地方评估作为州评估的补充，在不增加学生、教师和现有教育体系负担的情况下，来巩固教育改革的成果"[②]。

下面以美国高等教育评估为例进行分析。

一、美国教育教学评估的特征

（一）评估主体方面的特征

1. 中介性质

美国高等教育的评估工作通常是由独立的第三方认证机构来组织实施的。作为一种社会中介机构和非营利组织，美国的认证机构既不属于某些社会团体或个人，也不隶属于某个政府部门，而只是作为一个服务者为高校的教育教学工作提供认证服务。因此，对于高校和认证机构来说，他们之间不存在上下级的隶属关系，这在一定程度上确保了认证活动的客观性和公正性。

2. 成员组成

参与高校教学评估的主体不仅包括第三方认证机构的认证专家，还有高等教育专家和关心高等教育的公众代表，而且公众代表的人数占到了认证机构裁决委员会人数的七分之一。这一成员组成不仅增加了认证过程的透明度，还使高校与社会紧密联系在一起，从而可以最大程度地满足社会的需求。认证评估小组中的公众代表既与高校没有任何的关系，也与认证机构没有利益上的关联，他们只是代表了公众的利益去参与评估，从而能及时地将社会的声音传达给高校。同时，这些教育专家和评估机构的专家所具有的专深知识

[①] 郭广生. 完善教学评估体系 确保本科教学质量——美国的高等教育质量认证制度比较分析 [J]. 中国高教研究，2005（4）：6.

[②] 谢淑莉. 美国的学区评估——以内华达州道古拉斯县学区为个案 [J]. 世界教育信息，2004（3）：47.

和丰富经验能进一步提高评估工作的有效性、公平性和准确性，进而最大程度上保障了高等教育的质量和发展。

3. 经费来源

需要进行认证服务的院校是认证机构经费的主要承担者。对于院校来说，其不仅要承担认证所需的评估费，同时现场评估人员的食宿费和交通费等都由接受认证服务的院校承担。除此之外，认证机构会员每年缴纳的会员费也是认证机构经费的主要来源之一。

4. 被制约性

美国的第三方认证机构虽然具有独立性，但是这种独立性是相对的，因为还要接受认可组织的制约、协调和管理。在美国，负责管理和认可认证机构的组织主要有两类：一类是"美国教育部"即 USDE，这是一种具有政府性质的认可机构；另一类是具有民间性质的"美国高等教育认证委员会"，即 CHEA。这两类组织分别具有不同的职能，对于 USDE 组织来说，如果认证机构获得了它的认可，那么就代表这个认证机构所认证的院校具有获得联邦资金和学生资助的资格；而对于 CHEA 组织来说，其存在的意义主要是为了确定认证机构的学术合法性。当然，对于一个认证机构来说，其可以同时获得这两种组织的认可。

（二）评估程序方面的特征

美国的高校教学评估程序主要包括以下 9 个环节：第一，由高校提出认证申请；第二，认证机构在接到申请后派机构代表去大学进行预备访问；第三，依据认证机构的标准，由高校先进行自我评估，并以书面的形式出具自评报告；第四，由兄弟院校根据高校的自评报告提出相应的意见，这里的兄弟院校是由认证机构指定的；第五，认证机构与校外专家检查高校的自评报告及相关资料，并派考察团进入高校进行实地考察，形成考察报告；第六，高校校长研读考察报告并提出申述；第七，将前面环节中形成的所有资料交由认证机构的高等教育机构判定委员会进行审查，并提出相应的整改意见和整改措施；第八，高校在收到由认证机构出具的整改意见和整改措施后，必须在规定的期限内完成整改；第九，整改完成后由认证机构重新审查。

由此可以看出，美国高等教育的认证工作是科学且合理的，一方面将高校的自我评估和兄弟院校的同行评估结合在一起，使得高校在进行自我分析的基础上可以接收到来自同行的意见或建议，进而能更全面地认识自我、改进自我；另一方面在进行书面评估的同时还结合了实地考察，这在一定程度上保证了评估的真实性和准确性。首先，自我评估与同行评估的结合不仅发挥了高校作为评估主体的积极作用，激发了院校参与评估的主动性，同时这种基于高校教育领域共同认可的价值和技能标准之上的同行评估，更体现了同行领域学术的权威性。这种内部的自我评估与外部的同行评估相结合，有利于院校在内外因共同作用的基础上切实提高其教育质量；其次，书面评估与实地考察的结合在避免评估中介作假的同时加强了评估者与评估对象之间的沟通与了解。需要注意的是，美国的认证程序具有一定的周期性。也就是说院校在通过认证后，还需要在下一周期进行复评，这种周期性的认证不仅可以有效避免高校出现松懈、不负责的倾向，还可以不断激励高校向前发展。通常情况下，美国高校的认证周期为5至10年。

二、美国教育教学评估的启示

（一）形成开放性、多向度的评估关系网络

对于高等教育来说，不论是办学主体还是办学经费的筹资渠道都表现出了多样化的趋势。这就表明了高等教育的质量不再是举办者和办学者的单一责任，而是与社会、民众的利益息息相关。因此，在构建评估体系时，就需要结合多方面的利益，以形成多重主体并存、多向度的开放式评估关系。多重主体并存说明高校的评估活动不再单纯地由政府组织，而是要充分发挥大众及社会的多种力量来参与评估，以促使评估成为全社会认可的有效手段，进而真正有效地监督高校办学。但是就目前来说，我国的高等教育评估仍不能完全脱离政府，这在一定程度上不仅限制了各种评估中介的成立和成长，还不利于发挥社会对高校的监督作用。但是即使如此，我们也应在主观上积极倡导，鼓励各种社会力量参与评估，以在最短时间内建成一支由教育评估专家和各种社会力量参与的评估队伍，从而转变政府的教育管理职能。对于政府来说，其要做的就是从更高层次上把握高等教育评估的方向，以制定出完善的教育评估政策和法规。因此，评估队伍的组建不仅可以将政府从具体烦琐的实际评估工作中解脱出来，还可以充分利用多方面的力量以对高校办学进行评估和监督，在实现高校教学评估科学化、民主化及社会化的同时，将高校的发展与社会的发展紧密结合在一起。

（二）形成多元化的评估标准和方法体系

对于各高校来说，不论是历史起点、学科优势，还是办学性质、资金来源等，都存在一定的差异，这就使各高校的目标参差不齐，那么在选择实现目标的途径、方法及手段上也会各不相同。对于我国的高校来说，它们的发展倾向于不同领域、不同层次，那么自然会在相应的领域中出现最佳和最优。因此，在进行教学评估时，就不能以同一标准对其进行判定，这样就失去了评估的合理性和可信度。基于此，高校应形成多元化的评估标准和方法体系，以打破原有的一致性标准和相似性取向，鼓励高校发展自己的特色。同时，多元化的评估标准还有利于高校认清自己的实力和职责，在发展的过程中选择不同的方式、层次和途径，以适应当地社会和经济发展的要求，并在此基础上形成自己的办学特色，进而为自身的发展争得更大的生存空间，只有做到"人无我有"，才能使自身在竞争中立于不败之地。

大学以人才的培养为中心，只有认识到这一点，才能在评估工作中发现高校存在的诸多问题，而只有对高校做出客观、全面、准确的评估，才会真正促使高校改进和发展。但是对于高校来说，其在办学过程中有许多看不见、摸不着的思想交锋过程。因此要想真正地对其进行优劣评判是很难的，这就需要高校转变原有的评估模式，以定量评析和定性分析相结合的形式取代单一的量化方式，进而对高校做出有效的评估。

参考文献

[1] 曹晶, 陈敬良. 我国高校教学评估的价值取向变迁及未来选择[J]. 黑龙江高教研究, 2020, 38 (6): 34.

[2] 陈广桐. 高等学校教育教学评估[M]. 济南: 山东大学出版社, 2005.

[3] 陈金阳. 浅议当代大学数学课后作业实施意义及教学功能[J]. 学理论, 2010 (4): 171.

[4] 付长缨. 高等教育信息化视域下高校教学档案的建设与开发利用[J]. 山西档案, 2015 (6): 67-69.

[5] 付智勇, 郭文娟. 智慧校园建设在教育教学管理中的作用[J]. 电子技术与软件工程, 2019 (11): 258.

[6] 高芳, 王霖. 核心素养背景下教学资源整合策略探究[J]. 现代中小学教育, 2020, 36 (11): 32-35.

[7] 高宏卿, 汪浩. 基于云存储的教学资源整合研究与实现[J]. 现代教育技术, 2010, 20 (3): 97-101.

[8] 葛瑞泉. 人工智能背景下翻转课堂模式在高校计算机教学中的应用[J]. 新一代, 2021, 25 (6): 212.

[9] 郭广生. 完善教学评估体系 确保本科教学质量——美国的高等教育质量认证制度比较分析[J]. 中国高教研究, 2005 (4): 6.

[10] 郭芸, 白琳. 网络环境下高校思政课教育教学方法创新研究——慕课对教学模式改革的启示[J]. 现代教育科学（高教研究）, 2014 (6): 61-64, 69.

[11] 过宏雷, 崔华春. 慕课: 高校教学模式的全新挑战与变革契机[J]. 湖南师范大学教育科学学报, 2014 (5): 110-114.

[12] 胡春霞. 教育信息化背景下高校远程教育教学模式改革研究[J]. 成人教育, 2016, 36 (6): 70-73.

[13] 胡鸿志，管芳，郭庆．基于翻转课堂与慕课的高校教学模式研究与实践[J]．实验技术与管理，2016，33（12）：189-192．

[14] 蒋锦健．信息化平台下高校教育信息化建设与教学管理的创新发展[J]．中国成人教育，2017（5）：41-43．

[15] 焦建利，陈彩伟．高校整合慕课的教学模式与实施路径分析[J]．浙江师范大学学报（社会科学版），2019，44（4）：9-15．

[16] 梁泽鸿，全克林．面向智慧教育的高校教师信息化教学能力提升[J]．中国成人教育，2018（19）：145-147．

[17] 刘怀金，聂劲松，吴易雄．高校数字化教学资源建设：思路、战略与路径——基于教育信息化的视角[J]．现代教育管理，2015（9）：89-94．

[18] 马帅，赵鸿雁，赵巍，宋超群．高校信息化教学资源的整合策略[J]．科技风，2017（22）：61．

[19] 聂凯．移动网络课堂与信息化教学资源的传播分析[M]．成都：四川大学出版社，2018．

[20] 汤悦林．我国高校教育教学评估的文化历程[J]．高教发展与评估，2010，26（3）：14-18．

[21] 田晓伟，彭小桂．在线教育服务行业资本化进程审思[J]．教育发展研究，2020，40（9）：20．

[22] 王娟，郑浩，高振，邹轶韬．"双减"背景下在线教育智慧治理框架构建与实践路径[J]．中国电化教育，2022（2）：40．

[23] 王晓，王志权．慕课背景下中国高校教学模式研究[J]．国家教育行政学院学报，2015（10）：41-45．

[24] 魏刚．信息化教学资源的开发与应用[J]．信息与电脑，2017（1）：206．

[25] 翁举闻．"双减"背景下高质量教育生态的重构与创新[J]．课程教育研究，2021（36）：7-8．

[26] 翁灵秀．浅谈教育信息化[J]．求知导刊，2017（20）：123．

[27] 谢淑莉．美国的学区评估——以内华达州道古拉斯县学区为个案[J]．世界教育信息，2004（3）：47．

[28] 谢淑莉．破解大学生就业难，高校能做些什么？[J]．运城学院学报，2007（1）：91．

[29] 谢淑莉．战后日本英语教育及21世纪发展战略研究[D]．保定：河

北大学，2005：：50.

[30] 许湘云. 慕课背景下高校普通话教学改革探究 [J]. 才智，2022（28）：95.

[31] 闫志娟. 慕课教育视域下高校茶文化英语翻转课堂教学模式的构建 [J]. 福建茶叶，2019，41（1）：140-141.

[32] 颜英利. 大数据背景下高校教学资源整合研究 [J]. 中国成人教育，2018（24）：37-39.

[33] 杨建青. 现代信息化教育技术在学科教学中的应用探究 [J]. 华东纸业，2022，52（4）：253.

[34] 杨妍. 现代信息化技术对高校英语教育教学的影响研究 [J]. 中国电化教育，2022（6）：134-135.

[35] 岳若惠. 现代教育理念下的高校教育教学管理 [M]. 咸阳：西北农林科技大学出版社，2013.

[36] 张成刚，刘晓敏，索海英. 现代教育教学探索与实践研究 [M]. 长春：吉林人民出版社，2019.

[37] 张东华，杨慧. 网络档案教学资源整合探析 [J]. 档案学研究，2011（3）：78-80.

[38] 仲彦鹏. 慕课：我国高校德育模式构建的新视角 [J]. 现代教育科学，2018（1）：48-52，56.

[39] 周瑜龙. 基于云计算的大学教学资源整合模型优化研究 [J]. 科技通报，2013（7）：201-203，234.

[40] 杨惠. 地方红色文化资源融入旅游管理专业课程思政的思考 [J]. 旅游与摄影，2022（13）：115-117.

[41] 黄发友，姜曼，程许. 红色文化资源融入大学生理想信念教育的价值及路径 [J]. 福建教育学院学报，2022，23（4）：9-12.

[42] 马健生，刘云华. 资本扩张真的不会加重学业负担吗？——兼答《限制资本能解决"减负难"问题吗？》[J]. 清华大学教育研究，2022，43（2）：40-46.

[43] 马健生. 红色文化资源对大学生就业创业素质教育的影响研究 [J]. 科教导刊，2022（11）：137-139.

[44] 田苗，宋土顺，黄晓丽，王燕敏，田壮. 红色文化资源育人功能的实现路径研究 [J]. 华北理工大学学报（社会科学版），2022，22（1）：71-77.

[45] 彭湃, 党宇. 限制资本能解决"减负难"问题吗？——兼评《教育中的资本扩张：危害与治理》[J]. 清华大学教育研究, 2021, 42（6）：29-35.

[46] 温爱华, 管志翰, 刘立圆. 基于 VR 技术的虚拟仿真红色文化教育资源构建研究 [J]. 软件, 2021, 42（11）：27-29.

[47] 王任英, 邢瑞娟. 红色文化资源的立德树人功能及其实现路径 [J]. 广西青年干部学院学报, 2021, 31（5）：68-71.

[48] 马健生, 刘云华. 教育中的资本扩张：危害与治理 [J]. 清华大学教育研究, 2021, 42（4）：50-61.

[49] 本刊编辑部. 将法治光芒照进孩子心田——聚焦中小学法治副校长工作 [J]. 湖南教育（D 版）, 2022（7）：22-23.

[50] 包琳儿, 任海涛. 论"互联网＋法治教育"视阈下法治副校长职能的转变与工作的创新 [J]. 青少年法治教育, 2022（6）：2-8.

[51] 范天续. 论新时代检校衔接工作机制的完善——以法治副校长为视角 [J]. 青少年法治教育, 2022（6）：14-21.

[52] 吕德锋, 王春梅. 从中小学需求侧看法治副校长的工作职责 [J]. 青少年法治教育, 2022（6）：9-13.

[53] 张鸿巍, 侯棋. 法治副校长制度：体系透视与未来展望 [J]. 预防青少年犯罪研究, 2022（2）：70-78.

[54] 万莉. 让法治副校长充分参与学校治理 [J]. 人民教育, 2022（10）：11.

[55] 许朝军. 让"法治副校长"成为学校依法治理"助推器" [J]. 山东教育, 2022（18）：23.

[56] 王营. 法治副校长应当成为师生校园安全的保护神 [J]. 山东教育, 2022（18）：22.

[57] 刘宝根, 徐宇, 余捷, 陶晓玲. 蒙台梭利教育实践在美国的发展及对我国的启示 [J]. 幼儿教育, 2008(3)：5-8.

[58] 李婷, 董卫花. 我国借鉴蒙台梭利教育法的现状及误区 [J]. 延安职业技术学院学报, 2009, 23(1)：42-44.